中国社会科学院创新工程学术出版资助项目

居安思危·世界社会主义小丛书

西方文明东进战略与中国应对

李艳艳 ◎ 著

社会科学文献出版社
SOCIAL SCIENCES ACADEMIC PRESS (CHINA)

居安思危·世界社会主义小丛书
编　委　会

总　　　编　李慎明

执行主编　陈之骅

编委会委员　晋保平　吴恩远　程恩富　侯惠勤
　　　　　　　谢寿光　张树华　姜　辉　王立强
　　　　　　　樊建新

"居安思危·世界社会主义小丛书"总序(修订稿)

中国社会科学院原副院长
世界社会主义研究中心主任、研究员
李慎明

"居安思危·世界社会主义小丛书"既是中国社会科学院世界社会主义研究中心奉献给广大读者的一套普及科学社会主义常识的理论读物,又是我们集中院内外相关专家学者长期研究、精心写作的严肃的理论著作。

为适应快节奏的现代生活,每册书的字数一般限定在4万字左右。这有助于读者在工作之余或旅行途中一次看完。从2012年7月开始的三五年内,这套小丛书争取能推出100册左右。

这是一套"小"丛书,但涉及的却是重大的理论、重大的题材和重大的问题。主要介绍科学社会主义基本理论及重要观点的创新,国际共产主义运动中重大历史事件和重要领袖人物(其中包括反面角色),各主要国家共产党当今理论实践及发展趋势等,兼以回答人们心头常常涌现的相关疑难问题。并以反映国外当今社会主义理论与实践为主,兼及我国的革命、建设和改革开放事业。

从一定意义上讲,理论普及读物更难撰写。围绕科学社会主义特别是世界社会主义一系列重大理论和现实问题,在极有限的篇幅内把立论、论据和论证过程等用通俗、清新、生动的语言把事物本质与规律讲清楚,做到吸引人、说服人,实非易事。这对专业的理论工作者无疑是挑战。我们愿意为此作出努力。

以美国为首的西方世界的国际金融危机,本质上是经济、制度和价值观的危机,是推迟多年推迟多次不得不爆发的危机,这场危机远未见底且在深化,绝不是三五年就能轻易走出去的。凭栏静听潇潇雨,世界人民有所思。这场危机推动着世界各国、各界特别是发达国家和广大发展中国家的普通民众开始进一步深入思考。可以说,又一轮人类思想大解放的春风已经起于青蘋之末。然而,春天到来往往还会有"倒春寒";在特定的条件下,人类社会也有可能还会遇到新的更大的灾难,世界社会主义还有可能步入新的更大的低谷。但我们坚信,大江日夜逝,毕竟东流去,世界社会主义在本世纪中叶前后,极有可能又是一个无比灿烂的春天。我们这套小丛书,愿做这一春天的报春鸟。

现在,各出版发行企业都在市场经济中弄潮,出版社不赚钱决不能生存。但我希望我们这套小丛书每册定价不要太高,比如说每本10元是否可行?相关方面在获取应得的适当利润后,让普通民众买得起、读得起才好。买的人多了,薄利多销,利润也就多了。这是常识,但有时常识也需要常唠叨。

敬希各界对这套丛书进行批评指导,同时也真诚期待有关专家学者和从事实际工作的各级领导及各方面的人士为我们积极撰稿、投稿。我们选取稿件的标准,就是符合本丛书要求的题材、质量、风格及字数。

2013年3月18日

目录 Contents

1 | 卷首语 "文明"与西方文明东进战略

8 | 一 从"野蛮"—"文明"话语嬗变看西方文明东进战略
8 | 1. "文明"与"野蛮"是西方文明东进战略的话语工具
16 | 2. 西方文明涤荡"野蛮"东方的历史阶段
45 | 3. 西方文明东进战略的基本手段

50 | 二 西方文明东进战略的本质剖析
50 | 1. 马克思主义文明理论是剖析西方文明东进战略的思想武器
56 | 2. 西方文明东进战略的思想基础是西方文明中心主义

63	3. 西方文明东进战略的真实意图是征服世界
82	4. 文化输出正在成为垄断资本主义对外扩张的典型方式

94	**三 西方文明东进战略的积极应对**
95	1. 认清"生态""反恐""时尚"话语的文明扩张本质
106	2. 中国需一分为二地客观对待西方文明
111	3. 中国要坚定维护和促进世界文明的多样化发展
115	4. 中国应有建设崭新文明的高度自信

卷首语 "文明"与西方文明东进战略

什么是西方文明？理论界对此问题大致存在三种观点：有学者认为西方文明源于西方特殊的城邦社会，另有学者则认为西方文明的显著标志是基督教的宗教取向，还有学者认为西方文明的突出特征是西方社会的工业模式。[①] 形成共识的是，西方文明是一个从经济生产方式、政治组织形式、文化价值观角度界定的概念，是指欧美等西方社会历史进程中所形成的包括生活方式、社会制度和价值观念在内的发展模式，商品经济、民主政治和基督教文化是其基本特征。

当然，也有流行观点认为西方文明是一种地理性概念。如果从西方文明史来看，起源于古希腊、发展于近代西欧、兴盛于当代美国的这种文明类型当然具有西方的地域性特征，但是，目前我们显然看到，西方文明不仅

---

① 〔俄〕费罗洛娃：《西方文明的形成与发展》，碧鸣译，《国外社会科学》1994 年第 9 期。

仅是一种西方独有的地域性文明,它正在向全球蔓延开来。20世纪70年代中后期开始,就连具有鲜明自身特色的"中东—伊斯兰教"世界也受到了西方文明的"政治民主化浪潮"的强劲冲击,一批国家出现了民主化的改革或躁动,有的建立起了半民主的政治制度。20世纪80年代中期,西方文明的政治民主化浪潮涌入东亚,菲律宾、韩国等国实现了向西式民主的过渡。20世纪80年代末90年代初,它又迅速席卷了苏联和东欧地区,腐蚀了这些国家的共产党、工人党,使其背离了自身的发展模式,相继走上了西方式的议会民主道路。进入90年代以后,多党民主风潮登陆非洲,一党制政体或军人政权兵败如山倒,仅在数年之间,绝大多数非洲国家转向了西式的多党民主。

1978年以来,中国走上了改革开放的中国特色社会主义道路。1993年,党的十四届三中全会通过的《中共中央关于建立社会主义市场经济体制若干问题的决定》指出,建立社会主义市场经济体制就是要使市场在国家宏观调控下对资源配置起基础性作用。时隔20年之后,2013年党的十八届三中全会通过的《中共中央关于全面深化改革若干重大问题的决定》进一步明确提出,要紧紧围绕使市场在资源配置中起决定性作用深化经济体制改革。当前,市场经济体制与社会主义制度正在以前所未有的速度进行深度融合,这对于正处于社会主义初级阶段的中国来说是一次重要的历史发展机遇,但是,它同时也是一项难度空前的挑战。这种挑战就在于,借着中国对外开放、有选择性地学习包括西方文明在内的人类文明一切成果之机,西方垄断资本集团的价值观在"历史终结论""普世价值论"的话语包装下,打着先进文明的旗号渗透进中国的互联网、电视、报纸等媒体,利用吸收留学生、设立学术基金等方式培植西方价值观的代言人,使一些中国人在中西文明碰撞的过程中产生了自我矮化的自卑心理和迷信西方的逆向种族主义倾向。

在西方文化渗透的过程中,一些西方跨国垄断资本集团的商品在"品牌"的西方文化附加值包装下,不甚费力地以巨大的份额席卷中国市场、以高昂的价格获得中国民众的财富,却又以十分低廉的成本获取中国的宝贵物质资源和劳动力资源。不仅如此,在政治领域,中国共产党的领导被一些"文明"的西方多党民主国家政府诋毁成了"极权""专制","军队国家化""政党多元化"成为西方政权企图"帮助"和促使中国进入"现代文明"的诱人口号,十分具有蛊惑性。

由此可见,仅仅从地理角度来理解西方文明概念是远远不够的,也是不尽客观的。近代以来,西方文明蔓延全球的历史启示我们,对于文明的理解绝不能停留于抽象概念的阶段,因为越是抽象的东西就越容易被人故意模糊,弄得含混不清、面目全非,成为资本家集团根据自己需要任意涂抹的小丑。为了防止资本家集团以文明为话语幌子,占领所谓的人类进步制高点,翻手为云,覆手为雨,就必须遵循马克思主义认识论把抽象上升为具体的基本方法,立足于各国各地区的实际,赋予抽象的文明概念以具体的、独特的阐释。经济分析法是马克思主义的基本分析方法,在生产力方面,以人类通过学会制造和使用工具、取得对于自然界的主导地位为标志,世界各地区的人类祖先开启了区别于动物的人类文明史;在生产关系方面,"文明时代是社会发展的这样一个阶段,在这个阶段上,分工、由分工而产生的个人之间的交换,以及把这两者结合起来的商品生产,得到了充分的发展,完全改变了先前的整个社会"。① 然而,在西方"建立在劳动奴役制上的罪恶的文明"②社会中,"卑劣的贪欲"始终是文明时代起推动作用的灵魂。③ 不难看出,西方文明的存在基石和鲜明特征就是西方自由资本主义的社会发展模式。

近代以来,作为商品经济的发端地和规则制定者,西方发达资本主义国家取得了对于世界历史的主导权。在对于利润无止境的追逐动机驱使下,西方资本家集团及其政府从资本原始积累时期开始就将侵略的目光瞄向了富庶的世界东方,认为中国等东方国度就是现实中的天堂。在心理上出于对中国、印度等东方国度财富的渴望,在自由贸易的文明外衣伪装下,近代欧洲开启了海外殖民扩张的历史,1492年哥伦布受西班牙国王派遣,带着给印度君主和中国皇帝的国书,扬帆出大西洋直向正西航行,意外地发现了美洲大陆,不过直到1506年哥伦布逝世,他一直认为自己到达的是印度,直到三百年之后葡萄

---

① 《马克思恩格斯文集》第4卷,人民出版社,2009,第193页。
② 《马克思恩格斯文集》第3卷,人民出版社,2009,第175页。
③ 《马克思恩格斯文集》第4卷,人民出版社,2009,第196页。

牙的商队才真正到达印度。继西班牙、葡萄牙之后,18世纪以来,英国、法国、德国、美国、日本、俄国、意大利、奥地利等新兴资本主义国家也纷纷加入了对外殖民侵略的行列,侵略的铁蹄踏向了拉美、南亚、西亚、北非、东亚等世界各个角落。他们打着自由贸易的"文明"的旗号,利用大炮轰开了这些国家的大门,然而却从来没有自由平等地与这些国家的人民做生意,相反,亚非拉等被殖民国家的矿产资源被他们抢劫,市场被他们占有,人民变成他们的奴隶。

直到今天,"文明"依然是西方资本主义强国试图同化世界其他国家的旗号。以强大的实力为后盾,近代以来的西方文明一直处于向外输出的攻势一方。在西方"文明"话语的蛊惑下,一些曾经饱尝西方殖民侵略之苦的发展中国家人民在急于追寻民族复兴之路的艰难探索中,却正在迷失自身前进的方向。"中国应该再被殖民一百年""西方的月亮比中国圆"等奇谈怪论表明,西方文明正在利用我们一些同胞追寻民族复兴之路的朴素感情,充当为西方代言的"意见领袖",企图诱使这些善良的民众成为西方价值观的忠实追随者和代言人;"共产党的领导就是专制""政治教育就是洗脑"等雷言雷语则表明,西方的"自由""民主""人权"等所谓的普世价值推广者正在利用我们一些同胞探寻现代化之路的诚挚感情,对其进行西方价值观的灌输洗脑,企图诱骗这些善良的民众成为西方利益集团诋毁攻击我们政府的急先锋;中国市场中日渐泛滥的西方品牌获取的可观利润则表明,神化西方品质的国际商业大鳄正在利用我们一些消费者对于西方品牌的崇信心理,企图使这些善良的民众不知不觉地沦为服务于西方资本利润、挤压民族产业发展空间的工具。

那么,西方国家是如何在东进扩张的历程中成为世界强国的呢?西方文明东进战略的目的是带领人类共同进步吗?西方文明东进战略对我们有什么影响,我们又应该如何应对呢?本书结合西方文明向东方国家扩散的历史与现实,归纳分析西方文明东进战略,从阶段、任务、手段、实质、影响等几个角度进行了探讨,力求帮助读者对西方文明及其东进战略有一个清楚、深入、透彻的基本认识。

谨以此书献给中华民族复兴的伟大事业!期待灿烂辉煌的中华文明,在持之以恒的、独立自主的探索过程中,在当代再次焕发出勃勃生机!

一 从"野蛮"—"文明"话语嬗变看西方文明东进战略

随着塞缪尔·亨廷顿的《文明的冲突与世界秩序的重建》一书出版,"文明冲突论"公然面世,许多东方发展中国家才蓦地发现,他们近两百年来反抗殖民侵略、争取民族独立的斗争只是成功了一半,与西方国家对东方国度武装侵略战争相伴相随的是一场看不见硝烟的文明侵略战争。虽然第三世界国家人民从未放松过对西方武装侵略战线的警惕,然而思想文化领域的西方文明侵略战争却部署得如此隐蔽、难以察觉,并且包装得如同糖果般甜蜜诱人,以致一些国家民族的文明进步历程悄然被西方文明所终结而不知,甚至被人同化还觉得自己进化了,被人消灭还感到无比荣耀。

1. "文明"与"野蛮"是西方文明东进战略的话语工具

"文明"与"野蛮"是西方社会推销其社会制度、意识形态、生活方式的惯用话语,他们以"文明"自居,以"野蛮"丑化其他民族或国家地区。然而,"文明"并非天生就是"野蛮"的进阶或进步的代名词。"野蛮"起初并非表征落后、愚昧、残暴的贬义词语,德国哲学家和社会学家克劳斯·奥费在其论著《现代的"野蛮":小型的自然状态?》中指出,"野蛮"只是表示希腊人听不懂外族人说话时,对说另一种语言的异邦人的称呼。荷马和希罗多德甚至倾向于把野蛮人美化、理想化。从公元前4世纪的希腊化文明时代开始,随着亚历山大征服大军的铁蹄横扫中亚,荡平波斯,占领埃及、印度,建立西起希腊、马其顿,东至印度河流域,南临尼罗河,北抵多瑙河的庞大帝国,希腊文明取得了战略优势的地位,"civis"和"civitas"才开始具有了与"野蛮"相对的文明进步含义[①],"野蛮"才被赋予了残暴、愚昧、没有文化、残酷无情、残忍等特定的负面内涵。这是因为当时处于战争胜利状态的希腊人具有显著的优越感,进而他们认为自己的社会较为发达,此后,常常将其他的被征服的民族称为"barbarus"(野蛮人)。从"野蛮"—"文明"词义变迁史来看,如

---

① 易建平:《从词源角度看"文明"与"国家"》,《历史研究》2010年第6期。

果非要为近代以来盛行至今的西方文明中心论追根溯源的话,希腊化时代应该就是西方文明中心主义的历史源头。

经过漫长的中世纪,人们对于文明的渴望又重新炽热起来。16世纪以来,许多西方思想家开始认为,文明史不过就是人类精神状态从"野蛮"到"文明"的进化史。人类自始就处于野蛮的自然状态之中,如何使人类走出冲突争斗的野蛮状态、取得文明的进步呢? 他们认为理性是文明进步的原动力。伏尔泰在《风俗论》《路易十四时代》等重要历史著作中,通过研究各民族的兴衰成败、对比古今东西文明的异同,得出了文明进步的根源在于"人类的思想取得最大的进步"①的结论。霍布斯、洛克等自然主义思想家从理性角度出发,先验地预设了一个人类最初的自然状态,预设了人具有生而平等、自由的自然权利,但是由于"热烈地关切我们的幸福和我们自己的保存"与憎恶"任何有感觉的生物、主要是我们的同类遭受

---

① 〔法〕伏尔泰:《路易十四时代》,吴模信等译,商务印书馆,1982,第439页。

灭亡或痛苦"的本性使然①,人与人之间的斗争甚至互相残杀似乎不可避免。他们继续求助于理性,认为理性具有自我完善的能力,能够理性地设计出国家、法律等制度,从而把社会制度的建立完善视为人类从野蛮进入文明的标志。在这种"进步的阶梯"式的"野蛮"—"文明"的划分方法之下,"文明"阶段与"野蛮"阶段之间并不具有连续性、承继性,而是对立、斗争、替代的关系,文明是取代野蛮的人类进阶。这类观点的用意何在呢?其实是为新兴资产阶级推翻封建贵族统治、为资本主义制度取代封建制度做理论铺垫。

西方文明中心主义在这个历史阶段兴盛起来了!值得注意的是,这是一种以内部封闭孤立、外部单向度推销西方发展模式为特征的西方文明中心论,这是显著不同于希腊化时代以综合古代东西方文明诸因素为特征的文明思想。地理、种族、民族等因素都成为资产阶级划分"野蛮"与"文明"的天然标准。英国人巴克尔在《英国文

---

① 参见〔法〕卢梭《论人类不平等的起源和基础》,商务印书馆,1997,第67页。

明史》中提出,"国民之进化,自由之政令,皆原于欧洲"。① 法国人孔德在《实证哲学教程》中提出:"我们的历史研究几乎只应该以人类的精华或先锋队(包括白色种族的大部分,即欧洲诸民族)为对象。"② 而在德国人黑格尔看来,精神的光明虽然从亚洲升起,世界历史的中央和终极却在欧洲,欧洲的中心又在于法德英三国。③"野蛮"与"文明"的界限是如此壁垒森严、难以逾越! 这些西方"文明"人的优越性是"与生俱来"的。

文明只有西方文明这一种,西方文明是人类文明的最高阶段,这是近代以来西方文明中心思想影响下的话语。1752年,"civilization"开始出现在法国政治家、经济学家杜尔哥的笔下,他通过揭露宫廷礼貌的虚伪性,抨击封建专制制度,意在美化新兴资产阶级,神化其为"开化""进步"的领路人。启蒙思想家提出的"文明"概念,多是指人

---

① 〔英〕巴克尔:《英国文明史》(篇五),南洋公学译书院,1903,第7页。
② 转引自康恩《哲学唯心主义与资产阶级历史思想危机》,生活·读书·新知三联书店,1961,第311页。
③ 〔德〕黑格尔:《历史哲学》,王造时译,上海书店出版社,1999,第109页。

类理智、道德进步的有教养的社会状态,及通过理性进步而达到的以财产权、工业化、市场化、自由化、民主化为特征的全新社会发展阶段,而这正好是西方文明的基本特征。文明概念的内涵与外延被狭隘成了西方文明!

有了文明作为道义武装,西方资本主义国家的海外殖民活动也愈发无所顾忌了!"西方国家认为'文明'这一进程在他们自己的社会内部已经完成。从根本上来说,他们自认为自己是一个现存的,或者是稳固的'文明'提供者,是一个向外界传递'文明'的旗手"。[1] 在这样的逻辑下,既然他们是去传播文明,是去帮助"野蛮人"进入文明体系,那么,他们到这些东方"蛮荒"之地去开矿,雇"野蛮人"去工厂做工,给"野蛮人"提供丰富的消费商品又该是多么富于人道主义精神的啊!你们若还不领情,还要去反抗,岂不是自甘堕落,"野蛮"得无可救药了吗?

对于众多西方资产阶级思想家做出的"野蛮"—"文明"二元划分,所谓的西方社会文明、东方社会野蛮的观

---

[1] 〔德〕诺贝特·埃利亚斯:《文明的进程》,王佩莉译,生活·读书·新知三联书店,1998,第116页。

点,大多数流派的社会主义思想家们都做出了深刻的揭露,鲜明地指出,所谓资本主义的文明社会不过是文明掩盖下的野蛮。文明建立在野蛮的对抗之上,内蕴着野蛮的因素,这是许多社会主义思想家对于"'野蛮'—'文明'"关系所形成的共识。傅立叶曾经对迄今为止的人类社会做出了"乐园、蒙昧、宗法、野蛮、文明"的历史划分,其中"最后一个阶段就相当于现在所谓的资产阶级社会"。在此基础上,恩格斯在1878年首次出版的《反杜林论》中做了新的历史排序,即"蒙昧""野蛮""宗法""文明"的序列。虽然两位思想家对于资本主义文明时代的具体起始时期有不同的观点,傅立叶认为文明时代仅指18世纪资产阶级革命胜利并掌握政权以后"创造了大规模的工业生产、高度发展的科学和艺术"的历史,而恩格斯笔下的文明时代则是指涵盖了欧洲资本主义原始积累时期的"从16世纪发展起来的社会制度",即资本主义生产方式萌芽、资产阶级专政、资本主义世界历史的大历史阶段。但是,"最卑下的利益——庸俗的贪欲、粗暴的情欲、卑下的物欲、对公共财产的自私自利的掠夺""最卑鄙的手段——偷窃、暴力、欺诈、背信"等野蛮现象没有退出资本主义文明时代,而是以更复杂的形式愈演愈烈。①

然而,马克思主义作为辩证的、历史的唯物主义,是人类思想史上的重大飞跃。它对于"文明"和"野蛮"的认识,也绝不仅仅停留于全盘的肯定或否定之上。由资本主义的基本矛盾所决定,资本主义的历史变迁经历了一个由文明到野蛮的蜕变,文明因素逐渐减少、野蛮因素逐渐增多的历程。资本主义的文明面非常显著,使劳动者获得政治解放,用机器代替手工劳动,促进分工的精细化,建立了劳动者之间的广泛联系,对于人类整体进步做出了巨大贡献,这些历史功绩是毋庸置疑、不可抹杀的。就连资本主义的血腥殖民史,马克思主义经典作家也给予了一分为二的辩证分析。正如1853年6~7月,马克思在《不列颠在印度的统治》《不列颠在印度统治的未来结果》中客观分析了资产阶级对殖民地造成的双重影响。一方面,资本主义加速了落后国家的文明进程。它扭转了东方农业国家"使人屈服于外界环境"的被动地位,打

---

① 《马克思恩格斯全集》第21卷,人民出版社,1965,第113页。

破了农村公社和东方专制制度"使人的头脑局限在极小的范围内,成为迷信的驯服工具,成为传统规则的奴隶,表现不出任何伟大的作为和历史首创精神",进而"把人提高为环境的主宰"。① 另一方面,资本主义对东方国家并非大公无私的,其本意是对这些国家进行野蛮的掠夺,正如马克思在《不列颠在印度统治的未来结果》一文中说道,"当我们把目光从资产阶级文明的故乡转向殖民地的时候,资产阶级文明的极端伪善和它的野蛮本性就赤裸裸地呈现在我们面前"。② 当这些国家希望向西方文明主动靠拢学习时,西方文明的话语控制者又保守腼腆起来,对自己的科学技术等先进的东西严格保密,不肯认真地教这些虔诚笃信西方文明的徒弟了!

2. 西方文明涤荡"野蛮"东方的历史阶段

关于西方文明东进的真实意图,马克思恩格斯在《共产党宣言》中明确指出:"它迫使一切民族——如果它们不想灭亡的话——采用资产阶级的生产方式;它迫使它

---

① 《马克思恩格斯文集》第2卷,人民出版社,2009,第682~683页。
② 《马克思恩格斯文集》第2卷,人民出版社,2009,第690页。

们在自己那里推行所谓的文明,即变成资产者。一句话,它按照自己的面貌为自己创造出一个世界。"①在一个个传播文明的谎言笼罩下,一切从满足西方资本的利益出发,一切落脚于为西方资本的利益服务,这才是西方文明东进战略的背后目的。

"夫未战而庙算胜者,得算多也;未战而庙算不胜者,得算少也。"②西方资本家显然不会打无准备之仗,他们十分明白"文明"是对外扩张的软武器,一旦布好西方文明东进战略的棋局,就会拥有不战而屈人之兵的强大战斗力。西方文明东进战略是西方资本为了生存和发展利益而建立的一条隐蔽战线。这条战线伴随着资本主义世界的崛起而出现,并始终伴随着西方资本主义的整个历史进程。在漫长的西方主导世界历史的岁月长河中,西方文明东进战略经历了不同的历史阶段,承担了不同的历史使命。

现在就来看看西方"文明"人对东方"野蛮"人所做的

---

① 《马克思恩格斯文集》第2卷,人民出版社,2009,第35页。
② 《孙子兵法·始计篇》,武汉出版社,1994,第2页。

事情吧!

分别开辟海外殖民地,赤裸裸地奴役当地居民、掠夺当地财富。 西班牙、葡萄牙是近代以来最早进行对外殖民侵略的国家,由于15世纪初资本主义因素刚在其封建专制内部孕育,从而决定了他们的殖民远征具有鲜明的封建色彩。前面我们提到,1492年哥伦布受西班牙国王派遣,带着给印度君主和中国皇帝的国书,扬帆西行惊喜地发现了他们眼中的"印度"——美洲大陆,西班牙王室将所有侵占的美洲土地均宣布为王室所有,设立了"印度等地事务委员会"的殖民地统治职能机构,实行种植园奴隶制对印第安土著居民加强统治,他们将土地连同上面居住的印第安人一起分派给殖民者,这些"监护主"强迫印第安人交纳租税、务农、采矿。随后,为这种直接掠夺的殖民政策服务的思想也应运而生了,"种族决定论"堂皇登场,人种、肤色被歪曲为劣等"野蛮"的证据。在这样的逻辑下,印第安人不过是类似于动物的"劣种人"而已,自然是可以被"文明"的白种人任意处置的对象,他们处于社会最底层,没有公民权,不能担任公职,赤裸裸的掠夺、奴役、贩卖、屠杀和心灵创伤书写成了他们的血泪史。

葡萄牙的殖民扩张方向主要是西非、印度、拉丁美洲。对于黄金、香料和奇珍异宝无止境的贪欲,成为他们对外殖民的原动力。在西非,他们开创了近代奴隶贸易。从17世纪以后的两百年中,西非共损失625万人左右。18世纪上半期,仅仅圣多明各岛就输入奴隶280万人。在亚洲,他们借口通商掠夺丰富资源。1498年达·伽马的船队在印度登陆,封锁红海和波斯湾入口,取得对整个印度洋的制海权。早在16世纪初,薛魁罗对中国的政治、经济和军事等多方面进行调查,准备侵略中国。1514年阿尔瓦列斯率军首航到广州屯门,1517年葡萄牙船队闯进虎门,泊于广州的怀远驿码头,要求通商。在南美,他们建立了具有极其浓厚封建色彩的殖民统治。17世纪中期,由葡萄牙国王任命的总督在巴西行使最高统治权,在地方设州政府,建立了使用奴隶劳动的甘蔗种植园和糖厂。这些奴隶络绎不绝地从西非安哥拉等地运来,源源不断供驱使的奴隶成就了巴西重要蔗糖产区的地位。此外,荷兰也是近代最早侵入亚非的国家之一。1603年荷兰入侵印度尼西亚的爪哇岛,1619年侵占雅加达,建立贸易和殖民行政中心,后来又侵占了苏门答腊,向东完全控制了摩鹿加群岛,并于17世纪一度侵入我国台湾岛,在非洲南端建立了好望角殖民地。号称"日不落帝国"的英国无疑是因拥有广阔海外殖民地而成了最大受益者,1588年英国打败西班牙的无敌舰队,17世纪50~70年代通过三次战争耗尽了荷兰的贸易和海军实力,后又历经了一个世纪的交锋,终于在1805年战胜了法国,确立了海上殖民霸权。在17~18世纪,依靠强大的海军力量和牢固的制海权,英国几乎打赢了所有商业战争和王朝战争,确立了"不列颠治下的和平"的世界范围内殖民体系。

联合进攻亚非国家,攫取工业原料、开拓商品销售市场。资本主义国家所实行的商品经济对于原料、市场的欲望永无止境,这种经济形式显著不同于自给自足的自然经济。历史进入19世纪,西方国家之间对于海外殖民地的争夺更加激烈,获得的领土、势力范围越大意味着宗主国的商品销售市场越广阔,获取的利润越丰厚。西方列强的联合侵华行为可谓是解剖资本主义联合进攻这一新特征的典型例证。这里有一个值得注意的问题,为什么英法在争夺殖民地过程中经历了长达一个世纪的战争,却在侵华问题上表现出十分的默契?这还是要还原到当时的历史背景中去。19世纪中叶,英法两国都已经完成了工业革命,资本主义经济政治制度得以稳固,"不断扩大产品销路的需要"必然"驱使资产阶级奔走于全球各地"①,开展大规模的殖民扩张活动以抢占商品市场和原料产地。可是,就在英国加速海外攻城略地之际,1857年世界经济危机爆发了,这次危机虽然始于美国但严重波及英国,由英国向之提供资金的美国银行、铁路、商业公司纷纷破产,也使英国的投资者持有的有价证券急剧贬值。若要英国经济摆脱危机,只有依靠拓展殖民侵略的广度和深度。然而,深陷经济危机的英国又缺乏独立进攻中国的武力,于是,英国政府联手法国政府,分别借口"亚罗号事件"和"马神甫事件"敲诈勒索清廷,继而开展了大规模的侵华战争,劫掠并火烧了圆明园,逼迫清廷与之签订了丧权辱国的《天津条约》《北京条约》。不仅如此,未耗一兵一卒的美国、俄国政府也以调停之名胁迫腐败无能的清朝政府签订了中美《天津条约》,中俄《天津条约》《瑷珲条约》《北京条约》等一系列不平等条约,在这

---

① 《马克思恩格斯文集》第2卷,人民出版社,2009,第35页。

些不平等条约中,中国被迫支付巨额赔款,丧失大片领土主权,开放了大量通商口岸,这为西方资本主义国家走出经济危机、迎来又一个高速发展期提供了必要条件。除了武装联合侵略以外,殖民权益协调会议、瓜分殖民地条约也是西方各殖民政府分赃的方式。1884年,英葡签订条约,互认彼此对于刚果的主权,随后不久德国、比利时、英国、法国、葡萄牙、意大利等14国又在柏林签订了总协定书,对各国夺取非洲新领地的方式进行了约定。通过这些历史事实可以看出,19世纪中期以后,随着世界殖民地瓜分殆尽,西方列强的利益需要妥协;随着海外侵略成本提高,西方列强需要相互支持;随着殖民地反抗日益激烈,西方列强需要相互勾结,于是,他们不得不逐渐摆脱初期的独占模式,而是相互妥协,走向联合侵略。

西方资本主义列强虽然试图达成联合侵略、利益共享的协定,但是20世纪上半叶爆发的两次世界大战充分表明,他们瓜分世界过程中产生的利益矛盾并没有减弱而是在不断累积加深。上文提到,西方资本主义国家通过协定达成妥协,是其走向联合侵略扩张的重要方式。1887年英国、意大利、奥匈帝国、西班牙签署《第一次地中海协定》,英奥意三国签订《第二次地中海协定》以及1904年《英法协约》、1907年《英俄条约》都是试图以和平的协约方式来达成利益的相互妥协,但是,20世纪初,后起之秀的资本主义德国对于海外殖民地的强烈需求,触动了英法等老牌殖民国家的既得利益。德皇威廉二世认为德国殖民地太少、原料产地及商品市场不足,于是要求重新划分全球势力范围。

两次摩洛哥危机就是西方资本主义列强瓜分殖民地矛盾的初步显现。1904年4月,英法两国签订协定,法国承诺不干涉英国在埃及的行动,英国则承认摩洛哥是法国的势力范围。但是,这损害了德国在摩洛哥的殖民利益,引起了德国的不满和警惕。1905年2月,法国要求摩洛哥在法国监督下进行"改革",德国随之进行抵制。3月31日,德皇威廉二世访问摩洛哥城市丹吉尔,宣称德国要维护摩洛哥的独立,西方列强在摩洛哥的地位绝对平等。德国宰相比洛则建议把摩洛哥问题提交国际会议讨论,并且向法国发出了以战争相威胁的照会。然而,法国也不甘示弱,在英国的支持下,法国外长T.德尔卡塞采取强硬态度,英法德关系顿时紧张,地区局势火药味增浓。对于德法的殖民地利益纠纷,英国坚定地站在了法国一方,7月21日英国财政大臣乔治发表了暗示英国不惜因摩洛哥问题与德国一战的演说,并进行相应的海军作战动员。

可见,英法等老牌资本主义国家深感德奥等新兴资本主义国家带来的威胁,频频遏制、打压德奥的意图非常明显,然而,德奥等国经历了第二次工业革命,经济发展势头迅猛,必然要求从已显没落之势的英法手中夺取殖民地权益。两大集团虽然通过协议达成了暂时的瓜分世界的妥协,但是却暗自相互角力,展开了激烈的军备竞赛。仅以陆军为例,1880~1913年,德国常备军由42万扩充至87万,法国则由50万扩充至81万,俄国也由80万增加到140万,奥匈军队由47万扩张至85万,意大利由20万扩张至35万,最后美国为了应对欧洲局势紧张也将军队人数由3.4万扩张至16万。两大帝国主义军事集团的扩军备战为利益分配之战做好了充分准备,1914年,第一次世界大战爆发;1918年,同盟国集团战败,战后德国失去了包括德国自身13%的领土及所有海外殖民地,支付了巨额战争赔款。到了30年代希特勒等野心家利用德国民众对《凡尔赛和约》的仇恨和经济危机爆发的绝佳时机,将民族主义演变为民族复仇主义,使主张通过对内独裁和对外侵略谋求发展的纳粹主义得以形成。1935年,德国公开撕毁《凡尔赛和约》,放手扩充陆军、重建空军、建造海军军舰;1936年,德国开进莱茵兰军事区;1939年3月15日,德国威胁并占领捷克斯洛伐克;1939年9月1日,德国展开闪电战入侵波兰,两天后,英国与法国对德国宣战,第二次世界大战爆发。这次世界大战历时6年,使17亿人卷入战争,直至1945年才结束,战争使欧洲资本主义国家筋疲力尽,战争破坏造成的物资损失(按1938年价值的不完全统计)即达2600亿美元,各交战国的直接军费支出占其国民总收入的60%~70%,军队死亡1690余万人,居民死亡3430余万人。20世纪初的两次世界大战,虽然主要是帝国主义国家瓜分世界分赃不均所引起的战争,但是,帝国主义内讧的战场却多设在亚非拉广大的殖民地半殖民地国家,广大殖民地半殖民地国家人民为此饱尝战争的痛苦,付出了家破人亡的沉重代价。

渗透走向独立的东方国家,形成全球经济、政治、文化战略布局。第二次世界大战从根本上改变了世界政治力量的分布格局。战争使英法等老牌欧洲帝国陷入严重衰退,以苏联为代表的社会主义力量迅速崛起,殖民主义已经成为逆历史潮流而行的众矢之的。顺应历史的发展趋势,1960年联合国大会通过了支持殖民地国家和人民独立的宣言,1961年联合国大会又决定成立"非殖民化特别委员会",亚非拉许多民族和国家纷纷展开解放运动,赢得了主权独立、人民解放。但是,资本主义本质上是一种寄生式的经济发展模式,倘若离开海外市场和原料供给,它就会失去生存发展的基础。于是,变换了头脸的"以让予政治独立来换取经济控制和剥削的间接统治制度"的殖民政策——新殖民主义诞生了。① 而本土未受战乱累及的美国在"二战"中坐收了渔翁之利,在战后的新世界格局中脱颖而出,成为西方资本主义阵营的新领导者,也成了推行新殖民主义政策的肇始者。其实,早在20世纪初,这种以经济手段替代武力占领的新殖民方式就已初现端倪,1916年列宁在《关于帝国主义的笔记》中就此谈道,资本主义"现在不去直接占领其他洲的土地(这种占领

---

① L. S. Stavrianos, *Global Rift: The Third World Comes of Age*, Morrow, 1981, p. 457.

我们称之为'殖民'),在一定程度上也能实行经济帝国主义和帝国主义的扩张。……不用直接去夺取土地或者实行政治侵略就可以在其他各洲获得经济利益的势力范围或统治范围"①,这种"不带政治'兼并'的经济'兼并'是完全'可以实现'的"②,它就是"金融资本的殖民政策"。③

菲律宾是美国推行新殖民主义政策的实验田,1913年美国颁布了《安德伍德-西蒙斯法》,建立起了美菲双方对等的免税自由贸易制度。可是,就在这表面的公平贸易背后,却隐藏着巨大的不平等。虽然这个制度允许菲律宾商品无限制地进入美国市场,菲律宾产品的出口税亦予取消,但是此制度的最大获益者仍是美国。因为,在菲律宾投资的美国产品销往美国时可获得更大利润,而依靠进口菲律宾原料的美国制造商之成本则可进一步降低,使其产品在菲律宾市场上更具竞争力,从而使菲律宾市场事实上被美国企业垄断。美方为加快经济渗透进程,避免菲律宾国内的反美抗议和争论,于是积极和菲律

---

① 《列宁全集》第54卷,人民出版社,1990,第280页。
② 《列宁全集》第28卷,人民出版社,1990,第135页。
③ 《列宁全集》第27卷,人民出版社,1990,第395页。

宾的富裕知识分子、大地产拥有者、社区领袖以及地方政治首领等精英阶层接触,培养自己的利益代言人。"二战"后,美国逐渐形成了以贸易、投资、借贷为主要方式的成熟的新殖民主义体系,积极向政治独立的亚非拉国家进行经济、文化渗透,打响了没有硝烟的经济、文化侵略战争。

不过,多数西方学者并不认为经济渗透是一种侵略行为,美国《国际先驱论坛报》记者威廉·普法夫就将其称为"无私的殖民主义",他在 1995 年 2 月出版的美国《外交》杂志上发表的文章《一种新殖民主义?欧洲必须回到非洲》中宣称过去殖民主义在非洲待的时间不够长,没有取得成功,为了促进非洲的现代化,欧洲人应重返非洲。换言之,西方殖民主义并不是罪恶行为,而是帮助落后国家进入现代化的必经阶段。对此,马克思主义的阶级分析方法提供了认识工具。由阶级立场所决定,西方资本主义国家"文明人"并不是大公无私的救世主,而是始终贯彻着"自私自利的原则"[1],从自身利益出发迫使其

---

[1] 《马克思恩格斯文集》第 2 卷,人民出版社,2009,第 632 页。

他民族"在自己那里推行所谓文明,即变成资产者","一句话,它按照自己的面貌为自己创造出一个世界"。①

在西方资本裹挟下,众多亚非拉民族国家被卷入了现代化进程。一些国家经济体取得了高速成长,这似乎印证了西方文明具有"普度众生"的能力。但是,我们仔细观察发现,这些高速成长经济体的经济模式并不健康,甚至还很畸形。韩国、新加坡、台湾、香港是20世纪70~90年代经济高速成长的国家和地区,它们利用西方发达国家向发展中国家和地区转移劳动密集型、资源消耗型、环境污染型企业的时机,大量吸引外资,利用本地廉价而优质的劳动力、土地、矿产等资源,发展出口导向型经济,取得了经济的迅速发展。它们奇迹般的崛起受到众多亚非国家和地区的称道,被誉为"亚洲四小龙"。这种开放型的发展模式甚至得到众多东方的发展中国家和地区的广泛认同和模仿,也纷纷打开国门,吸引外资,走上了开放道路。然而,这种外向型经济发展模式的弊端并不是马上就能显现的。20世纪90年代以来,金融危机、政治腐败、道德滑

---

① 《马克思恩格斯文集》第2卷,人民出版社,2009,第35~36页。

坡、生态危机、中亚北非政局动荡、地区性战争在这些国家和地区开始出现,且频率越来越高,西方新殖民主义对亚非拉相关国家的破坏性影响全面显现出来。

经济上,西方推行新殖民主义的国家诱使一些亚非国家迷信西方的经济发展模式,急于向西方经济增长模式靠拢。这些国家在自身市场体制发育不成熟的情况下,制定了倾向于外资的金融体制,缺乏对外资的积极监管,同时,确立了出口替代型的发展模式,制定了倾向于外资的外汇政策。这些国家为了吸引外资,一方面保持固定汇率,长期动用外汇储备来弥补逆差,导致外债增加;另一方面又扩大金融自由化,给国际炒家提供了可乘之机。例如,泰国就在本国金融体系没有理顺之前,于1992年取消了对资本市场的管制,使短期资金的流动畅通无阻,为外国炒家炒作泰铢提供了条件。趁此机会,乔治·索罗斯等西方金融资本集团的金融炒家完全不顾公平竞争的市场道德,进行炒汇、投机操作,自泰国始,菲律宾、马来西亚、印度尼西亚等东南亚国家的货币迅速贬值,汇市和股市一路狂跌,一蹶不振。

政治上,美国作为世界经济军事实力最强的国家,开始推行全球扩张政策。1947年3月出台的杜鲁门主义,成为美国在全世界进行势力扩张、对苏联等社会主义国家发动全面冷战的宣言书。1949年,美国与西欧、北美主要发达国家为实现防卫协作,建立了一个国际军事集团组织。1949年3月18日,美国和西欧国家公开组建北大西洋公约组织,该组织于同年4月4日在美国华盛顿签署《北大西洋公约》后正式成立,它以集体防御为名,在海外积极进行军事部署,设立军事基地,进行战略布局,时刻准备对广大取得了政治独立的社会主义国家进行军事干涉。同时,他们还把一般性的社会问题政治化,阻止东西方人民的民间交流,使西方人民对东方文明一无所知,甚至产生了扭曲丑化心理。

文化上,美国等西方国家掌握和利用大众媒体对东方发展中国家形成了全方位的包围网。1942年2月24日清晨2点30分,"美国之音"第一次用德语向欧洲广播。随后,法语、意大利语、英语、汉语普通话和粤语等50种语言陆续向欧洲和亚洲广播,"这里是美国之音,每天这个时候我们都将向您谈论美国和战争。不管是好消息,还是坏消息,我们都将向您报道真实的消息"。然而,有意思的是,1948年的《史密斯－蒙特法案》规定,"'美国之音'节目为美国境外受众制作,严禁在美国国内播出",其背后的潜台词不言自明,就是不让不真实的、过于政治工具式的传播进入美国。因为,出于资本的利益,在国外散播虚假新闻也就罢了,若还在本土宣传虚假新闻,必定会被民众和媒体群起而攻之。不仅如此,西方国家还利用国际经贸、文化交往扩大之机,在向东方发展中国家输出工业产品时渗透美式价值观,NBA、麦当劳、可口可乐、好莱坞电影、耐克鞋等都成为西方价值观输出的载体,充当了西方文化的"传教士"。

迂回包围新兴国家,实行接触加遏制的战略。苏联解体、东欧剧变后,以意识形态分野为标志的世界两极格局被打破,美国政治学家福山曾兴奋地宣告,西方国家实行的自由民主制度或许是"人类意识形态发展的终点"和"人类最后一种统治形式",并将因此而构成"历史的终结"。冷战结束后,美国作为世界唯一超级大国,显然以世界霸主自居,妄图使其他国家以它为中心,服从于它。但是,美国对于自己的霸主地位始终感到不安,1996年塞缪尔·亨廷顿写作的《文明的冲突与世界秩序的重建》一书公开出版,他提出冷战后的世界依然会冲突不断,只不过其根源不再是意识形态而是宗教、文化价值观等方面。其背后的意思是,中华文明、日本文明、印度文明、伊斯兰文明、东正教文明、拉美文明、非洲文明必然挑战西方文明的主导地位,由文明差异带来的争霸行为应当引起美国警惕防御,这本书的观点震惊了世界。

亨氏提出的"文明冲突论"实质上是文明威胁论,意指世界其他快速崛起的文明体对美国霸权地位形成挑战,表现出对不屈服于美国世界霸权体系的国家及其行为的担忧。历史似乎也在印证亨氏的预言,伊拉克、伊朗、朝鲜、古巴、利比亚、叙利亚、委内瑞拉等国在国际国内事务中总是"逆"美国之意而行,反对其霸权主义行径。2001年,震惊世界的针对美国本土的"9·11"恐怖袭击事件使美国更加坚定了对"文明冲突国家"的强硬态度,事件发生后,美国认定本·拉登是肇事者,旋即出兵报复,打着抓捕本·拉登的幌子,武装进攻阿富汗塔利班政权。不过,即便从2011年拉登被击毙以后,美国至今仍未从阿富汗完全撤军。接触加遏制战略在美国对中东外交中暴露得非常充分,"9·11"事件以后,美国警告中东国家,对于美国的报复行为要么支持要么就会遭到孤立。伊拉克作为美国曾经的盟友,由于显露出试图摆脱美国管束的"野心","9·11"事件后萨达姆政权又公开宣称"美国爆炸案是美所犯罪行的恶果",结果自然是"忤逆",得罪了美国——虽然没有任何证据显示宗教较为开放的伊拉克萨达姆政权与信奉宗教极端主义的"基地"组织之间有直接联系。2002年,美国总统布什进而把伊朗、伊拉克和朝鲜列为"邪恶轴心",公开的理由是他们赞助恐怖分子活动,进而对他们进行军事遏制甚至直接打击。

另外,中国、俄罗斯、伊朗、朝鲜等被西方称为"非民主"国家或者纷纷深化经济体制改革,经济实力迅速上升,在国际市场与美国产生激烈竞争,或者坚持走社会主义的道路,或者具有重要的地缘政治地位及丰富的资源,所以也自然而然成了美国的假想敌。因为,自20世纪初,影响美国政府决策的战略思想一直是"世界上只有一个势力中心,由这个中心来控制平衡和稳定,而这个控制权最好在美国手里"。[①] 对于求同存异、互利共赢的平等合作关系,美国从来没有实

---

① 〔美〕R. S. 海普:《地缘政治》,纽约,1942年英文版。

践过,也没有兴趣去尝试。国际战略重心东移,搞亚太再平衡,充分显示了美国政府提防快速崛起的中国、俄罗斯等东方大国,防范自身霸权地位受到挑战的"良苦用心"。1997年6月,美国发表了新世界计划的宣言,明确提出了21世纪美国对外政策的基本方针是,"谋求建立在全球的绝对优势地位,威慑企图发挥更大全球或地区性作用的潜在竞争者,先发制人打击发展大规模杀伤性武器的国家"①,该计划认为,中国是美国最大的潜在竞争对手,要求对其给予更大威慑。

1989年8月15日,美国《基督教科学箴言报》以骄傲的口吻写道:"对苏联的伟大美元攻势正成功地发展,三万颗核弹头和用最新科技成果装备的世界上最大的军队却不能掩护自己的国家领土拒绝渗透的美元,它已经把俄国的工业消灭一半,打垮了共产主义意识形态并瓦解了苏联社会。苏联已不能抵抗,因此专家们预测,苏联的覆没就是最近2~3年的事。"②苏联解体后,以美

---

① 国防大学信息管理中心:《较量无声》上集,电视纪录片,2013。
② 何新:《统治世界:神秘共济会揭秘》,中国书籍出版社,2011,第54页。

元、汇率为武器,美国政府继续发起了对中国等东方国家的新干涉主义行动。美国利用美元的世界货币优势地位,在东方国家打开国门与西方做生意的过程中,诱使其以出口资源能源、发展代加工业赚取美元外汇,继而以高额利息为诱饵使这些国家将大量美元外汇购买了美债,导致这些国家本币兑换美元汇率上升,进而,大量美元涌入这些东方国家投机房市、股市,造成其本币出现内贬外升的扭曲情况,导致了贫富分化、社会矛盾。西方国家采取的金融手段,对东方发展中国家造成了很深的影响,资源耗竭不可逆转,生态危机难以根治,民生问题与经济发展错综纠结,贫富分化增加执政风险等问题层出不穷。

以价值观为核心的文化软实力配合金融手段,是当代西方敌对势力对中国等东方新兴国家进行西化、分化图谋的基本方式。20世纪90年代初,哈佛大学教授约瑟夫·奈首创"软实力"(Soft Power)概念,意即文化价值观能通过吸引力而非威逼或利诱达到国家目的。布莱尔提出搞价值观外交,克林顿任美国总统后,进一步公开宣称:"美国不是通过武力,而是通过信息、国际交流以及类似的软手段来破坏中国的共产主义制度。"①具体来说,美国等西方国家政府发展文化软实力有以下几种途径。

一是推广英语及其文化。语言是文化价值观的重要载体。随着英语的世界传播,美国的文化产品在全球风靡起来。谁是英语推广的助力者呢？美国英语专家库尔马斯说过:"美国英语在全球的推广得到了蓄意力量的帮助,具体说来这些帮助来源于政府、大众媒体、私营经济人等。"②美国国务院、美国联邦教育部、美国国际发展署、美国新闻署、美国和平队五个政府组织主要负责美国的国际推广工作,福特基金会、卡耐基国际和平基金会、洛克菲勒基金会等民间机构支持英语国际推广活动,World Teach 组织每年向世界 16 个国家提供 500 多名英语教师志愿者,世界英语教师协会、美国现代语言协会、美国双语教育协会、美国英语学校积极开展对外英语教学研究,编写英语教材,培训对外英语教师,开展对外英语教师教学经验交流会议。英语风靡全球,在世界范围内得到广

---

① 国防大学信息管理中心:《较量无声》上集,电视纪录片,2013。
② F. Coulmas, *Sociolinguistics*, Cambridge: Cambridge University Press, 2005, p. 222.

泛使用,在一些国家和地区的地位甚至高于母语,从而扫清了西方文明向东方进行文化扩张的语言障碍。

二是倾销内蕴美国价值观的文化产品与传播工具。美国的动画片,如《变形金刚》《星球大战》《猫和老鼠》,传播着个人主义的价值观,对东方民族国家的青少年产生了显著的影响。好莱坞电影、摇滚音乐、迪士尼动画片,传递着个人主义、自由主义、消费主义、享乐主义的价值观,西化着东方民族国家下一代的思想。《2012》《阿凡达》《碟中谍》《泰坦尼克号》等风靡全球的热映影片,总是以美国总统拯救世界、美国中情局特工正义反恐、美国英雄拯救人类等为题材,包装塑造美国的世界救世主形象,传播个人英雄主义、民主观念、浮士德精神、上帝信仰等美式价值观,构建着美国的世界吸引力和向心力。除此之外,国际互联网也成为美国等西方文化价值观倾销的阵地,国际互联网的13台根服务器主要分布在美国、瑞典、日本、英国,换言之,只要控制了这些硬件设施,想封锁谁的消息就可以封锁,形成了美国等西方国家在互联网上的信息传播优势地位。美国前副总统戈尔曾明确说:"利用信息的力量来激励对当地政权的抵抗,确立支持民主的政治意识。"①为此,美国政府联合跨国公司开发新的网络工具,旨在使东方国家的人民避开本国政治审查自由表达观点。2009年,伊朗总统内贾德在大选中获得连任,为利用互联网煽动舆论,美国前国务卿希拉里亲自介入美国Twitter网站。在美国操纵下,200多万条关于伊朗游行集会的推特信息,被冠以"民主"之名发送到全世界,引发世界性的轰动效应,随后这些反应又被反馈到伊朗,进而引发更大规模的骚乱,实现了美国利用互联网工具对伊朗的持续干扰图谋。2010年,一个突尼斯商贩之死的视频被发布到互联网上,持续发酵,引发了"茉莉花革命"和中东北非大乱局,致使这些国家政权更迭。

三是塑造品牌神话。马克思恩格斯在《共产党宣言》中曾描述道,资本主义"商品的低廉价格,是它用来摧毁一切万里长城、征服野蛮人最顽强的仇外心理的重炮"。②进入20世纪中期以后,传统的低价倾销方式已经日益被

---

① 国防大学信息管理中心:《较量无声》下集,电视纪录片,2013。
② 《马克思恩格斯文集》第2卷,人民出版社,2009,第35页。

高价品牌塑造的方式所取代。西方资本主义国家迫于资源、环境和民生压力,逐渐改变直接进口东方国家原材料在本土工业生产的方式,而是转移至东方发展中国家贴牌生产,自己则掌握标准、技术,塑造和运作品牌,赋予这些品牌以地位身份等文化附加值,使得这些品牌如同精神鸦片般受到亿万刚刚迈向小康生活的发展中国家人民追捧。例如,美国苹果公司拥有的苹果品牌电脑、手机等电子产品,由中国大陆富士康科技集团进行贴牌生产。苹果产品在品牌拥有商的包装炒作下,被塑造成了时尚生活、尊贵身份的代名词。很多发展中国家青年人在收入有限的情况下,省吃俭用,缩衣节食,却以能拥有其产品为荣,甚至有人不惜以自己身体、尊严作为交换。近些年,为了买苹果手机卖肾、卖身的报道屡见不鲜。2013年12月有报道称,福建某"95后"女大学生在网上招嫖,只为购买一部苹果"土豪金"手机。虽然为苹果贴牌生产的富士康工厂工人每天的工作就是不停地组装手机,然而正如某女工所说,"如果不干这个,我可能永远买不起",苹果品牌在某些不明就里的底层工人心目中俨然成了人生的意义所在,在品牌神话的鼓动下,部分工人将道德、尊严弃之不顾,甚至法律红线也不惧触动,只为高价买回他们辛苦生产的产品。

四是妖魔化东方民族国家的形象。妖魔化领袖人物、国家形象、社会热点事件,是西方国家政府、学界和媒体离间东方国家人民民族感情的新手段。我们知道,斯大林曾被西方政府妖魔化为"暴君""刽子手",这成为质疑苏共执政合法性的重要依据。而如今,妖魔化毛泽东、周恩来等新中国伟大历史人物的言论正在网络新媒体上赫然出现,丑化歪曲中国革命史的读物正在掀起一股历史虚无主义的思潮,试图动摇中国共产党和社会主义中国的历史合法性、必然性。对于此等行为,新华社记者李希光在1996年出版的《妖魔化中国的背后》一书中提出了"妖魔化中国"的概念,深刻揭露出以美国媒体为代表的西方媒体对中国极尽造谣诽谤之能事,播发大量不利于中国国家形象的不实报道,故意歪曲诋毁中国的真实形象,制造世界各地的人们对中国的误会和其他国家政府对中国的强硬立场。例如,2013年8月,哈佛大学商学院教授彼得·纳瓦罗得在《纽约时报》发表文章诋毁中国商品,声称:"购买'中国制造'的产品,无论是桥梁所用的钢铁还是给孩子们的玩具,都会带来巨大代价……损害我们的国家,扼杀我们的经济。"①不仅如此,他们还培植网络"大 V",抢夺主流舆论的麦克风,妖魔化中国社会发生的道德类热点事件,制造"一边倒"的负面社会舆论,丑化中华民族道德素质,以达到人们对民族文化的自我否定、向西方文明主动趋近的目的。这一系列的妖魔化行动,是试图斩断东方国家文明传承的根脉,抑制其文明自主创新发展的动机和能力。

五是出资培养西方利益代言人。20世纪50年代,美国国务卿杜勒斯曾提及颠覆苏联社会主义的和平演变计划,他说:"人的脑子,人的意识,是会变的。只要把脑子弄乱,我们就能不知不觉改变人们的价值观念,并迫使他们相信一种经过偷换的价值观念。用什么办法来做?我们一定要在俄罗斯内部找到同意我们思想意识的人,找到我们的同盟军。"②戈尔巴乔夫的上台就是里根、撒切尔夫人政府操纵的结果,苏联解体充分证明了这一策略的奏效。如今,以美国为首的西方发达国家正继续在东方

---

① 《美媒:到底有哪些势力热衷于妖魔化中国?》,人民网,http://military.people.com.cn/GB/n/2013/0823/c1011-22671268.html。
② 国防大学信息管理中心:《较量无声》下集,电视纪录片,2013。

的发展中国家培植学术界、政界、传媒界的西方代言人、代理人。名目繁多的基金会、教育交流项目,正以通过教育和文化交流促进国家间的相互了解为名义,为美国等西方国家培养亲西方社会精英,进而影响东方国家的上层建筑。

六是用评奖的方式推销西方社会制度、发展模式和价值观念。2013年12月,美国《外交政策》杂志评出该年度在政治、经济等领域做出贡献的"全球百名思想家",这本由美国政治学"泰斗"塞缪尔·亨廷顿创办的杂志俨然是以文明标准的制定者、裁判者自居,将荣誉大多颁发给了西方模式的卫道士。不仅如此,人文社会科学领域的诺贝尔奖,艺术领域的奥斯卡奖、金球奖等以西方审美标准作为裁量作品优劣的尺度,往往将奖项更多颁发给丑化本民族的发展中国家作者。2014年2月,第64届柏林国际电影节落下帷幕,华语电影《白日焰火》获得金熊奖,欣喜之余我们看到的却是,影片的主题是展示中国"黑暗"和"血腥"的形像,人命如同自然资源般消耗,每个人都处于危险境地。对中国负面的影像描写完全脱离、罔顾中国特色社会主义蓬勃发展的光辉现实,迎合了部分西方敌对势力攻讦诋毁中国的阴暗心理。由此可见,政治性而非文学艺术性是国际文化机构评奖的首要指标,西方社会制度、发展模式和价值观念被隐藏在一个个评判文化先进与否的标准背后,正在俯瞰和点评全世界!这类做法的主要目的就是,试图把西方社会制度、发展模式和价值观念祭入神坛,神化为判断先进与否的世界唯一标准,进而使世界其他文明主动向西方文明趋拢,心甘情愿地主动为其经济政治利益服务。

总的来说,西方文明东进战略的话语工具经历了两个阶段的历史演变。一是在资本主义的发展上升期,"野蛮—文明"的二元划分是16~19世纪西方文明中心主义思想的缩影;二是20世纪上半叶爆发了两次世界大战,客观上宣告了西方文明中心主义幻象的破灭。西方国家矛盾尖锐、社会分裂的现实使西方文明走下了神坛,大量的东方殖民地半殖民地国家取得了政治独立,帝国主义殖民主义体系土崩瓦解,这使文明多样化成为西方国家不得不承认的现实。由此,"野蛮—文明"的话语工具难以为继,"落后—先进"的话语体系随之出现了。换言之,西方发达国家不得不承认其他民族国家的现代化实践也属于文明范畴,不过他们仍然认为其他文明模式是比西方资本主义文明落后的文明类型。虽然这两种话语体系的内容存在显著差异,但是其目的却是始终一致的,这就是,消解东方国家的民族意识,摧毁东方国家人民的民族自尊心、自信心,产生对比西方文明的强烈自卑感,形成西方文明单向度输出的世界格局,最终使西方文明包装下的商品输出、资源掠取、政治干涉、文化操控畅通无阻。

3. 西方文明东进战略的基本手段

毛泽东同志说过:"战略问题是研究战争全局的规律的东西"。① 虽然西方文明东进战略在四个历史时期各有特点,但是作为具有全局性、长远性的战略而言,也有共性的内容。把握这些共性之处,对于当代东方发展中国家自觉抵御西方文明的渗透具有重要意义。

"文明同野蛮的区别,用傅立叶的话来说,就在于用复杂的谎言代替简单的谎言。"②恩格斯的这个论断,给我们揭示了西方文明东进历史的基本战略——制造谎言。

---

① 《毛泽东选集》第1卷,人民出版社,1991,第178页。
② 《马克思恩格斯全集》第19卷,人民出版社,2006,第88页。

编织西方文明先进的美丽谎言,形成西方文明的全球吸引力,是诱使东方发展中国家主动向西方发达国家靠拢、自觉施行资本主义制度的基本手段。

矮化东方文明,干扰其传承绵延的历史脉动。东方各国的现代化进程,几乎都是在西方文明的裹挟下进行的。16世纪至19世纪中期,西方资本主义国家的坚船利炮陆续轰开了东方各国的大门,自给自足的自然经济、君主专制的政治体制、宗法观念的文化传统、宗族集体的生活方式无不受到冲击。19世纪中期至20世纪中期,在武力打开东方国门之后,西方资产阶级以低价的工业品进行倾销,打乱了东方各国民族工业的发展步伐。在救亡图存的压力下,东方国家被动地开始了工业化进程,但是这些国家的民族工业缺乏自主发展的国际国内环境,大多成为西方工业的附庸,形成了大量买办资本。同时,上帝崇拜、科学、自由、民主等西方资产阶级的意识形态也随着强势的经济、军事实力涌向全球,一些东方的发展中国家掀起了对本民族文化的质疑甚至"打倒"运动,全盘照搬西方的现代文明模式。20世纪中期以来,美国等西方国家利用东方的发展中国家对外开放、纷纷向西方文明学习借鉴之机,加紧制定政治文化领域的文明标准,进行民主输出,大打人权牌,把自身标榜为现代文明的范本,以自身尺度评判东方国家的现代化程度。一些东方新兴国家在与西方文明的交流中,抛弃了自己民族的传统话语体系,丧失了话语权,进而丧失了文明交流的平等权利,逐渐形成了文明自我矮化的自卑心理。

神化西方文明,吹捧其为世界先进、历史终点。当代美国历史学家尼尔·弗格森在2011年3月出版的《文明:西方与其他国家》一书中指出,竞争、科学、财产权、医药、消费社会、工作伦理作为六大文明因素使西方文明应该居于世界领先地位,而且今天西方文明正在影响亚洲,亚洲正在采纳西方的价值观。[①] 基于此,他提出了"文明趋同论",认为中国等东方国家的快速发展与其说是西方的失败,不如说是西方的胜利。实际上,西方国家自走上资本主义道路以来,一直在做着美化神化西方文明的事情。东西方的文明交往史,一直是一场西方资本主义利

[①] Niall Ferguson, *Civilization: The West and The Rest*, London: Penguin Books Ltd, 2011, pp. 7 – 10.

用文明话语权优势地位,进行文化价值观的单向度输出、利益的单向度输入活动。以文明为幌子发动殖民战争是他们侵略发展中国家的常用借口,例如1789年拿破仑率军入侵埃及时就号召道:"士兵们,你们要去从事的事业是征服,这一征服将对文明产生无法估量的意义。"20世纪中期,许多东方的殖民地半殖民地国家纷纷走上民族独立道路以后,民主、人权、自由的价值观成为西方文明自我标榜的话语工具,美国等西方发达国家散布所谓"民主""自由""法制""人权"的普世价值,并据此形成宽以律己、严以待人的双重标准,通过文化艺术领域的国际奖项评选、政府发布人权监督报告等方式进行文化输出。但是,2013年的"棱镜门"事件深刻揭露了美国监控世界的丑行,作为美国中情局前雇员的斯诺登也是因为"政府行使了本无权享有的权力"使"百姓受到本不该有的牵制",而"对美国政府的功能,及其对世界的影响产生了实在的幻灭感"[1],才勇于揭露美国民主政府的伪民主、反人权、悖自由的霸权本质。

---

[1] 邹珊:《斯诺登:他为何泄密》,《三联生活周刊》2013年第25期。

总的来说,"进攻"是西方文明东进战略的总基调,虽然西方文明东进战略并不是一帆风顺的,也遇到了苏联、中国等强劲对手的抵制。但是,"鄙俗的贪欲是文明时代从它存在的第一日起直至今日的起推动作用的灵魂;财富,财富,第三还是财富——不是社会的财富,而是这个微不足道的单个的个人的财富,这就是文明时代唯一的、具有决定意义的目的"①,因此,要满足这永无止境的贪欲,只能不断地进攻其他文明。只有使更多东方文明臣服于它,西方文明才能寄生于此,以获得自我进一步滋生的养料。尤其需要注意的是,20世纪90年代苏联解体、东欧剧变后,由于意识形态、经济实力、地理环境、人口因素等诸多方面的巨大差异,以经济实力为突出特征的中国综合国力迅速上升,成为建立公正合理的国际经济政治新秩序的重要力量,无形中对美国的全球霸主地位形成重大挑战。以美国为首的西方国家显然已经把中国作为阻碍西方文明东进企图的最大障碍,他们会不择手段地打压、遏制中国,中国政府和人民必须对此保持高度警惕。

---

① 《马克思恩格斯文集》第4卷,人民出版社,2009,第196页。

二 西方文明东进战略的本质剖析

西方文明东进战略是人类进入资本主义文明时代的产物,它促成了资本主义生产方式的自行扬弃,促进了西方社会的飞速发展,从而客观上推动了人类文明迈向更高阶段。但是,从本质上看,西方文明东进战略作为国际垄断资本集团维护与扩大霸权利益的战略,担负着对内维护资产阶级政权、对外拓展资本全球利益的阶级使命。对此,我们一定要进行全面客观的辩证分析。

1. 马克思主义文明理论是剖析西方文明东进战略的思想武器

在马克思主义文明理论产生以前,历史唯心主义文明理论以永恒不变的抽象人性论为出发点,以精神为文明进步的源泉,文明进步的目标被庸俗化为某种终极实体;在马克思主义文明理论诞生以后,斯宾格勒、汤因比等持"文明形态史观"的思想家,由于缺乏历史的眼光,不能站在历史的高度把握资本主义的历史进程,从而固执于"文明循环论""文明停滞论"。由于缺乏世界整体的眼光,亨廷顿、弗格森等当代思想家不能站在世界全局的角度,观察世界文明多样性进步产生的独特贡献,反而固执于"文明冲突论""文明趋同论",因此陷入了形而上学、唯心主义的理论窠臼而不能自拔。马克思主义文明理论以辩证的、历史的唯物主义为思想基础,运用经济分析法、阶级分析法、历史比较法对"什么是文明,如何推动文明进步"的问题进行了系统性回答,从而为人类文明进步实践提供了科学的世界观与方法论。

在马克思主义的视域中,文明是一定民族、地域的人们在长期的历史演变中基于共同的生产生活方式、文化价值观念、政治理念而形成的共同体及其独特的发展模式,发挥着对内的整合力、凝聚力,对外的吸引力、向心力功能。马克思主义文明理论是科学性与革命性的高度统一。它揭示了人类文明进程的一般规律、世界各个民族文明进程的特殊规律、人类文明进步基本方面的具体规律和中国社会主义文明建设的个别规律,体现了人类文明进程普遍要求和特殊实践的辩证统一。更为重要的是,马克思主义文明理论是无产阶级和广大劳动人民的理论学说,它始终站在最大多数劳动人民的立场之上,以体现、维护与实现劳动人民的利益为出发点和落脚点。

文明本质上是各民族国家自主发展的过程。马克思恩格斯指出:"历史不过是追求着自己目的的人的活动而已。"①劳动人民在生产过程中,将自身的体力脑力劳动能力物化为物质性的实体成果,确证着自身的力量,因而当然是文明成果的创造者。由于在阶级社会尤其是资本主义社会中,人的"自主活动和物质生活的生产是分开的"②,自主活动只归发达国家的少数资产阶级统治精英专享,民族国家的大多数劳动者只能受到奴役劳动的煎熬。对此,马克思恩格斯提出了解决方案,这就是必须通过改造生产关系,确立新的交往形式,即经由无产阶级革命走向共产主义,才能建立"适应于进步的个人自主活动方式"。③ 从而,确保各民族国家劳动人民在创造了丰富灿烂的文明成果之后,理所当然地成为文明成果的享有者。

---

① 《马克思恩格斯文集》第1卷,人民出版社,2009,第295页。
② 《马克思恩格斯文集》第1卷,人民出版社,2009,第580页。
③ 《马克思恩格斯文集》第1卷,人民出版社,2009,第576页。

在充分揭示文明本质的基础上,马克思主义文明理论对于人类文明的基本特征、基本动力、历史形态、基本结构以及人类文明进步的判断标准、不同文明之间的关系等基本问题,也做出了超越于西方历史唯心主义文明理论的回答。

在人类文明进程的基本特征问题上,斯宾格勒持"文明倒退论",汤因比持"文明循环论",福山持"历史终结论"。马克思主义文明理论则认为,进步性是人类文明的基本特征之一。新事物的产生,旧事物的灭亡,是人类文明进步的总体方向和基本趋势。虽然新文明的产生发展要经历一个曲折的过程,但是人类文明进程的总体趋势是向上的,是一个永无止境、持续进步的历史进程;此外,历史唯心主义线性文明进步观以先验的目的为方向,以超验的历史主体为创造者,从而把历史进步看成是同质化发展的过程。孔德、戈比诺、基佐、罗斯托等人认为人类文明史是西方文明单线进步的历史,世界其他文明只能模仿西方文明模式。马克思主义文明理论则认为,人类文明进程是多种类型文明共同进步的过程,不同类型文明之间的交流有助于各民族文明的共同进步。

在人类文明进程的基本动力问题上,历史唯心主义文明理论往往归之于理性、精神。马克思主义文明理论则认为,不同类型文明之间的交流借鉴是人类文明进程的基本动力。在尊重人类文明多样性的基础上,坚持和而不同、求同存异的原则,不断加强不同类型文明之间的交流借鉴,取长补短,为我所用,在推动民族文明进步的过程中,实现人类文明的整体进步。

在人类文明进程的历史形态问题上,历史唯心主义文明理论往往以资本主义为人类文明进程的顶点和终点。马克思主义文明理论则认为,资本主义只是以奴役为特征的文明时代顶峰,人类文明必然推翻资本主义走向共产主义的崭新文明。

在人类文明结构的问题上,历史唯心主义文明理论往往呈现出重物轻人、重智力轻道德的特点,把文明进步等同于经济建设。马克思主义文明理论则认为经济建设只是前提、基础,物质文明、精神文明、政治文明、生态文明建设要齐头并进,最终落脚点还是在于每个人的自由全面发展。

在人类文明评价标准的问题上,历史唯心主义文明理论往往以物质财富的增长为标准。马克思主义文明理论则认为,判断文明进步与否的标准根本上在于劳动人民自主生产能力的进步程度,具体的标准应该是全面的,基本方面包括推动生产力的能力、促进生产关系合理化的能力和提高思想文化素质的能力。

在不同类型文明之间关系的问题上,历史唯心主义文明理论往往持对立冲突的观点。马克思主义文明理论则认为,彼此尊重、相互交流、求同存异、合作共赢是不同类型文明交往的基本原则。

数千年人类文明史证明,各种不同文明的共存、交融、多样化发展是文明进步的重要动力。可是,在某种程度上,近代以来的人类文明日益被资产阶级及其代言人狭隘化为"西方化""资本主义化",今天甚至被简单认为"美国化"。这种狭隘的西方文明东进战略带来的现实后果是灾难性的,它一方面漠视诋毁人类文明多样化发展的可能性,企图摧毁一切与西方资本主义现代文明相左的文明传统,使得非西方国家和民族的文化、宗教、生活习俗等文明传统正在遭受极大伤害;另一方面,它强势要求全世界都匍匐于西方资本主义文明模式之下，自觉接受它的奴役，为资本的利益服务。我们看到，一些受西方"民主化"浪潮冲击的国家被洗脑改造，甚至以本国政权的覆灭为代价，一不小心就沦为西方文明进步的牺牲品。因此，面对西方文明东进战略带来的严峻挑战，当前，我们要以马克思主义文明理论为思想武器，从思想上加以高度警惕和揭露，从行动上加以防范和回应。

2. 西方文明东进战略的思想基础是西方文明中心主义

近代以来，人类文明之间的交流空前频繁。然而，在西方发达资本主义国家主导的弱肉强食国际格局中，东西文明交流变成了西方文明一家独大的文化输出活动。传播文明、共同进步则成为西方文明向东方国家进行资本、价值观甚至武力输出的美丽谎言。这是因为，西方文明东进战略是以西方文明中心主义为思想根基，是对西方文明中心论持之以恒的贯彻执行。

伴随资本主义历史进程的波折起落，西方文明中心主义思想经历了"乐观主义—悲观主义—悲观主义下的乐观基调"三大阶段的历史嬗变。从古至今，孔德、基佐、达尔文、鲁布克、泰勒、罗斯托、福山、亨廷顿、弗格森等西方著名学者都充当了西方文明中心主义思想的代言人。正如列宁深刻指出的,"资本主义和封建主义相比,是在'自由'、'平等'、'民主'、'文明'的道路上向前迈进了具有世界历史意义的一步"[1],以资本主义为内核的西方现代文明无疑具有巨大的文明进步性。但是,"资本主义始终是雇佣奴隶制度,始终是极少数现代('moderne')奴隶主即地主和资本家奴役千百万工农劳动者的制度"[2],这一点是不可改变的,西方文明中心主义就是在极力的伪装下成了西方文明东进战略的理论来源,具有很强的局限性、虚假性、迷惑性。

从思想逻辑上看,西方文明中心主义在认识方法上存在着明显的局限性。在认识论上,西方文明中心主义或者把西方文明等同于理性、人性的进步,或者把西方文明看作是永恒不变的终极状态;在本体论上,西方文明中心主义或者认为西方文明由地理环境、种族、民族等因素

---

[1] 《列宁专题文集 论资本主义》,人民出版社,2009,第248页。
[2] 《列宁专题文集 论资本主义》,人民出版社,2009,第248页。

所决定,或者陷入文化本体论的泥淖不能自拔;在历史观上,西方文明中心主义思想或者把西方文明视为历史的终结,或者把西方文明视为历史的循环甚至倒退。这种唯心主义历史观实质上就是把文明局限为观念形态的文化,把人类文明史仅限于观念形态的文化史,割断了它与物质性社会关系的联系。这种观点的典型代表就是亨廷顿的"文明冲突论",它唯心地把世界上不同类型的文明视为不同层次的文化区别。

历史唯物主义告诉我们,人民群众是历史的创造者,人民群众的实践活动是历史前进的根本动力。然而,西方文明中心主义的根本理论缺陷就在于,否认人民群众在西方文明产生发展过程中的主体地位,否认人民群众的实践活动是西方文明产生发展的决定力量。西方文明中心主义要么把文明视为人之外的所谓独立观念,要么把文明视为少数精英的创造物,从而违背了唯物史观关于"文明是实践的事情,是社会的素质"的基本原则①,否认人类文明进步的最终目的在于社会关系的现实合理

---

① 《马克思恩格斯文集》第1卷,人民出版社,2009,第97页。

化,因此是典型的历史唯心主义观念形态。"物质生活的生产方式制约着整个社会生活、政治生活和精神生活的过程"①,这个论断表明,文明和文明史离开它赖以生存的物质生活的生产方式,就会变成无源之水、无本之木。因此,如何运用历史唯物主义、辩证唯物主义的理论武器剖析西方文明中心主义在认识方法上的局限性甚至颠倒性,是我们必须面对的一个理论挑战。

从历史作用上看,西方文明中心主义存在着现象与本质对立的虚假性。 恩格斯揭露资本主义时指出:"文明每前进一步,不平等也同时前进一步。随着文明而产生的社会为自己所建立的一切机构,都转变为它们原来的目的的反面。"②数百年的历史表明,不管西方文明中心主义的理论模型如何演变,其价值取向始终一致,即始终担负着对内维护资产阶级统治、对外进行殖民扩张的职责。有数据显示,全球最富有的 225 人的收入与最贫穷的 27 亿人的收入相等。2007 年美国最富有的 1% 的家庭财富

---

① 《马克思恩格斯选集》第 2 卷,人民出版社,1995,第 32 页。
② 《马克思恩格斯文集》第 9 卷,人民出版社,2009,第 147 页。

与全美43%家庭的金融财富相等。① 近年来,美国等西方国家发生的"占领华尔街"运动、纽约地铁公交大罢工等民众抗议示威事件更是表明,建立在私人财富基础上的西方资本主义文明只是属于占总人口1%的富人的奢侈品,占人口总数99%的人民大众却深陷债务危机、生计艰难等困窘境地,更何谈享受资本主义文明成果。可见,在西方社会,文明的共享性、普遍性品格从未真正实现,只是十分扭曲地属于极少数富人所有,我们应该对此有清醒的认识。

出于回避矛盾、维护统治的需要,西方文明中心主义往往忽略和掩盖西方社会的内在矛盾,自夸和放大西方社会的部分成就,从而营造出一片繁荣昌盛的西方盛世假象,骗取人民对本国文明发展模式的认同,诱逼非西方国家跟风其文明模式,最终实现其资本利益国内国际最大化的真正目的。值得警惕的是,在一些东方的发展中国家,从小学到大学对自己民族的语言文化往往重视不够,韩国更是将西方语言和文化设置为主要科目,所以不

---

① 李慎明:《全球化背景下关于国际国内形势的相关思考》,《国外理论动态》2011年第12期。

少越是受到高层次教育的人,越是装了满脑子的西方逻辑。这种现象显然也存在于中国,我们看到,不少中国人了解莎士比亚胜过了解汤显祖,了解卢梭、伏尔泰胜过了解朱熹、王阳明,仰慕恺撒大帝却诅咒秦始皇,赞颂华盛顿却丑化毛泽东。更有人认为,人类社会只有一种社会制度是正当的,那就是西方自由民主制度;经济发展只有一种模式是正当的,那就是西方模式。在此崇洋媚外的思想逻辑下,凡是与西方不同的制度和模式,都不具备正当性,都必将崩溃。这也是西方文明中心主义思想在中国一直大有市场的重要原因。面对如此严峻的西化风险,如何从理论联系实际的角度彻底揭穿西方文明现象与本质相互对立的虚假性,让更多的人认清西方文明的本质,走出对西方文明的盲目崇拜,是一个亟须我们去解答的、现实挑战性很强的课题。

从话语方式上看,西方文明中心主义具有一定程度的迷惑性。 恩格斯曾说,西方资本主义文明"所达到的结果总是同它希望达到或者佯言希望达到的相反"。[①] 西方

---

① 参见《马克思恩格斯文集》第3卷,人民出版社,2009,第532页。

文明中心主义作为数百年来西方资产阶级推行殖民主义、霸权主义和强权政治的理论和话语工具,其一般特征是将西方自身利益说成是全人类普遍利益,将西方个别价值等同于全人类共同价值。例如,在旧殖民主义时代,它将西方文明与文明画上等号,鼓吹西方资产阶级文明是现代文明的唯一模式;在新殖民主义时代,它虽然承认了西方文明只是现代文明的一种类型,却极力论证只有西方文明居于世界文明的顶峰和终点。我们看到,诺贝尔文学奖、经济学奖、奥斯卡奖等西方国家设立的国际评判奖项高举的就是西方文明中心主义的大旗,它们就像一个个西方文明标准的裁判,用西方的标准衡量世界的一切,主观裁量他国的发展,顺之者方属"文明",逆之者则属"野蛮"。总的来说,西方文明中心主义通过构建"中心—边缘—外围"的理论模型和话语模式,不断增强西方文明的世界向心力和文化吸引力,诱骗落后国家盲信西方文明,并逐步向西方文明模式靠近,从而达到主宰世界和人类文明命运的潜藏目的。

近年来,世界局势发生了巨大变化。从20世纪90年代初苏联解体和东欧剧变,再到21世纪头十年美式

"民主化"浪潮在中东北非发动"颜色革命"引发的突尼斯、埃及、利比亚、阿尔及利亚、也门、巴林、阿曼等国的政局动荡、政权更迭,诸多事件表明,西方国家正在将西方文明中心主义与"普世价值"理论相互结合,并且通过政策、理念、价值观等宣传方式迷惑、欺骗和演变发展中国家和社会主义国家,使这些国家主动去迎合讨好西方国家、把西方资本主义文明模式奉若圭臬,进而达到西化、分化、促使其自我覆灭的真正目的。需要注意的是,世界上很多国家的不少人被西方文明模式迷惑、蒙骗,盲目崇拜西方,极力鼓吹和推动本国按照西方设计的路线图去走。如何解决好彻底揭穿西方文明中心主义的迷惑性和欺骗性,是我们面临的一个意义极其重大的时代挑战。

3. 西方文明东进战略的真实意图是征服世界

2008年以来,随着国际金融危机的爆发,世界格局中的冲突开始呈现出频繁多样的复杂态势。西方文明在经济、政治、文化等各领域加紧了对东方世界的渗透,"量化宽松""增发美债""宪政民主""阿拉伯之春""普世价值""人权报告"……这些现象引起了国内许多进步学者的关注。2007年以来,宋鸿兵的"货币战争"系列丛书出版热销,揭露了西方资产阶级利益集团之争导致了通胀、通缩等经济现象,国际金融资本势力是制造国际政治风波和经济危机的幕后推手。2011年,何新的《统治世界:神秘共济会揭秘》一书出版,从政治颠覆、金融战、粮食战、基因战等多角度揭示了西方神秘跨国组织企图控制世界的阴谋,这些著作以详尽的事例深刻披露了西方文明东进历史与现状中的诸多材料,在社会上产生了一定反响。

这是一场文明战争!但是,它不是先进替代落后、先进带动落后的正义战争,而是以"文明"为话语幌子的非正义的文化侵略战争。"文明"—"野蛮"、"先进"—"落后"的二元划分不过是西方垄断资本集团用来自我标榜、诱骗东方、攫取利润的话语工具。在西方资本财团别有用心的包装下,达尔文的自然进化论被误用于为西方文明的领导地位正名,人类社会的进步被简单地等同于自然界的进步,人类社会的进步规律被狭隘地理解为优胜劣汰、适者生存的竞争斗争关系。究其背后实质,破坏其他文明的独立性、同化其他文明类型,最后以西方文明一统世界,让全世界为自己的私利服务,就是西方文明东进战略的最终目的。

"文明战争"的突出特征是一场以文化价值观为核心的思想领域内的斗争。"要利用所有的资源,甚至举手投足,一言一笑,都足以破坏他们的传统价值。我们要利用一切来毁灭他们的道德人心。摧毁他们的自尊自信的钥匙,就是尽量打击他们刻苦耐劳的精神"①,这是美国中央情报局对中国政策的《十条诫令》之一。根据经济基础与上层建筑的关系原理,西化东方国家的思想文化既可以使其经济模式追随西方,又可以使其政治体制、政府官员主动靠近西方,从而实现巨大的超额利润和政治霸权。"文明战争"的独特魔力就在于,不费一兵一卒,不耗分文毫厘,不遇殊死反抗,却能赚得盆满钵满,获得民意支持,赢得主动亲近。这一切奇怪的现象都是建立在通过传播"文明"诋毁东方国家的进步模式,摧毁东方国家人民的民族自尊心、自信心、自豪感,使其产生自我矮化的自卑自贱心理基础之上的!

那么,西方"文明"国家征服世界的基本步骤有哪些呢?

---

① 李刚:《美国中情局对华的十条诫令》,《党政论坛》2001年第9期。

瓦解东方民族国家的军队战斗力,是西方文明征服世界的经典手法。 不论是哪国的军队都承担着保卫国家安全、维护国防的重任,但是对于"国防"概念的理解,东西方却有着显著差异。以中国为代表的东方国家是防御自卫型的国防,把领土、领海、领空作为国防的界域;而以美国为首的西方发达资本主义国家则是扩张型的国防,把整个地球都作为自己国防的范围,四处驻军,武力相向。一些西方霸权主义国家将世界划分为若干战区,将其视为自己的领土或势力范围。在霸权主义的逻辑下,谁影响了西方霸主国家的全球利益,谁就会被视为它的绊脚石,必除之而后快,甚至会被诬陷成威胁它的"恐怖分子""邪恶势力"。因此,"好战"就成为西方"文明"国家的基本特征之一。

武力征服东方国家,是西方文明东进战略的第一步。 中国等许多东方国家在历史上长期存在自给自足的自然经济、专制皇权的政治体制、崇儒重道的礼乐文化。以中国为例,自汉代以来儒家思想取得了正统地位,清朝统治者入主中原以后也大力推行以儒学为代表的汉文化,中国人服从、秩序、敬祖、传统等民族性在两千多年的历史进程中逐渐得以形成和强化。可是,西方殖民主义为了给自己的行为赋以正义之名,中国的民族性却被歪曲丑化为"孱弱、保守、僵化,他们比世界上其他国家的人更胆小,也普遍缺乏自尊心,自私、冷漠、对公众事务漠不关心"。① 1792 年,英国正处于工业革命的浪潮之中,迫切需要开辟新的商品销售市场。英王以补祝乾隆皇帝八十大寿的名义派出了以马戛尔尼和副使斯当东为首的 800 余人的庞大使团访问中国,希望实现对华通商、传教。乾隆皇帝显然察觉出英国试图输出商品、掠夺白银、以洋教西化国人的目的,加之保守思想作祟,最终还是拒绝了英国与华自由通商的要求。

然而,资本主义发展的规律必然要求不断开拓海外市场,因此英国眼见和平通商不成,便采取了武力攻开中国大门的策略。鸦片走私成为武力攻击中国的战前准备,既可以改变英国对中国贸易的长期逆差状况,使大量白银外流,造成清朝财政困难,还能使清军丧失战斗力,

---

① 张宏杰:《饥饿的盛世:乾隆时代的得与失》,湖南人民出版社,2012,第 2 页。

瓦解中国人的心志,损害中国人的体质,可谓是一箭双雕。鸦片贸易对中国的危害日益深重,正如林则徐所说,若毒不禁,其最终结果是"国日贫民日弱",导致国家"不唯无可筹之饷,亦且无可用之兵"。[①] 清廷实施的虎门销烟等禁止鸦片贸易的政策打击了英国走私贩毒的嚣张气焰,触及了英国的利益。此时,战争成了西方列强维护殖民利益的不二选择。1840年,眼看战争时机已到,英国政府便以商务受阻及大英子民生命受到威胁为借口,派出远征军侵华,发动了历史上臭名昭著的鸦片战争。自此之后的一个世纪里,中国饱尝西方列强的战争欺辱,被迫签订了一系列丧权辱国的不平等条约,逐渐陷入了半殖民地半封建社会的痛苦深渊。

19世纪后半期,西方各国更是掀起了对东方"蛮荒之地"进行武力殖民征服的高潮。欧洲资本主义列强完成了对非洲的瓜分,除了埃塞俄比亚和利比里亚两个政治上独立的国家以外,传统的非洲王国如阿散蒂、达荷美、

---

① 转引自孙佳华《我们怎样打赢这场仗》,《解放日报》2007年6月26日。

索科托、布干达以及欧洲裔阿非利卡人建立的德兰士瓦和奥兰治自由邦等国均沦为西方国家的殖民地或保护国。埃及名义上虽为独立国家,但完全受英国的控制;在亚洲,俄国从19世纪60年代起加速了对外高加索、中亚、西伯利亚及远东的殖民和侵略,先后占领了大茹兹、中茹兹、小茹兹、希瓦汗国、布哈拉汗国、浩罕汗国,并向中国的新疆、外蒙古和满洲地区渗透。至1876年,俄国已经占领了1700万平方公里的亚洲大陆土地。法国侵略了安南、老挝、柬埔寨,英国占领了马来半岛和北婆罗洲,控制了波斯湾和阿拉伯半岛南部;在大洋洲,资本主义的后起之秀德国从西班牙手中购买了加罗林群岛、马里亚纳群岛等殖民地。除了直接征服殖民地以外,殖民主义国家还将一些经济落后的国家变为半殖民地,如中国、朝鲜、暹罗、波斯、阿富汗、日本等,在这些国家攫取了海关、交通、通商、筑路、开矿、建厂、开办银行、训练军队等主权权益。至20世纪初,全球殖民国家及殖民地已占全世界85%的陆地面积。

控制世界的舆论,是西方文明推手投放的迷幻药。以武力为强大后盾,西方资本主义国家不仅打开了中国等东方世界的大门,同时蜂拥而入的还有西方的文化价值观。吃了败仗、饱尝屈辱的东方国度不得不睁眼看世界,迫切地探寻西方船坚炮利、难以战胜的原因,从而产生了积极与西方接触、加深了解的强烈动机。但是,需要警觉的是,东方国家主动接触学习西方的心理再次被西方资产阶级利用,成为发动新一轮"鸦片战争"的机会,只不过这次是文化价值观输出的精神鸦片。西方资本主义国家利用东方国度主动学习西方文明的机会,有选择地把自己的政治制度、经济模式、文化信仰等都包装成了"文明",而这些正是他们一直企图输送给东方国家的东西。19世纪,印度开始仿效英国的出版自由原则,出版业迅速发展,1875年,印度的报刊种类约达500种,人们在报纸和期刊上进行政治讨论,出现了许多关注种族仇恨问题、关心人民权利和荣誉、质疑英国对印度统治的声音。对于印度新闻业出现的这种为民族主义服务的舆论调子,英国在印度的殖民管理机构颇为不满,于是对印度出版业进行了严格审查和打压,致使印度舆论呈现出为英国殖民统治唱赞歌的一边倒的态势。

在中国,为大众所熟知的是,近代国人对待西方文明的态度大致经历了"夷夏之辨—中体西用—东西文化论战"的历程。然而,种种历史迹象表明,国人这一态度的演变透露出了西方国家有选择地操纵文明传播的影子。第二次鸦片战争后签订的《天津条约》等不平等条约规定,外国人可以在通商口岸建造礼拜堂,"耶稣基督教暨天主教原系为善之道,待人如己。自后凡有传授习学者,一体保护,其安分无过,中国官毫不得刻待禁阻"。1843~1860年,由传教士在香港、广州、上海、宁波、福州、厦门等割让或通商口岸城市共翻译出版西方书籍434种,其中纯属宗教宣传品的有329种,占75.8%。[①] 19世纪中后期,由传教士创办的广学会翻译出版了大量西学书籍,但内容以宗教、社会科学为主,这些关于西方近代国家变法史、兴亡鉴、教育学、经济学及中西文化比较的书籍中隐含了大量西方价值观、伦理观念。例如,美国传教士裨治文为了向中国人展现美国的文明先进,把美国描写成人间乐园,把对印第安人的屠杀扭曲为"有数排土人与合省国相斗,合省劝土人

---

① 熊月之:《晚清西学东渐史概论》,《上海社会科学院学术季刊》1995年第1期。

相和,尤劝之讲习礼仪而不可堕入恶俗焉",描述为美国"合省"帮助印第安人"土人"走向文明开化。①

20世纪中期以后,面对取得独立的东方前殖民地国家,西方资本主义国家更是加强了舆论攻势。"外界公认,目前世界舆论的话语权是掌握和控制在西方世界手中的",中国前驻埃及大使安惠侯告诉《世界新闻报》。②一方面,他们以自身标准评价东方社会发生的热点事件,界定其是非善恶,引导其国内乃至国际形势的发展。例如,2010年阿拉伯世界发生的以"民主"和"经济"为主题的反政府社会运动,由于符合西方民主价值观和政治观点,西方舆论将其抢先定义为"阿拉伯之春",这种符合西方口味的反政府活动被赋予了"革命"的正统地位,许多不明就里的其他国家媒体很快就接受了这一舆论导向,推波助澜地使反政府运动席卷突尼斯、埃及、利比亚、也门、叙利亚等国,使中亚北非多名领导人先后下台;另一方面,制造东方发展中国家领导人的谣言和虚假新闻。

---

① 〔美〕裨治文:《美理哥合省国志略》卷六。
② 《西方舆论战正打垮叙利亚》,新华网,http://news.xinhuanet.com/mil/2012-03/26/c_122880426.htm。

叙利亚被美国认为是支持恐怖组织的"邪恶轴心国",为了颠覆叙政府,美国及其盟国对叙国内施行了离间计。2012年3月14日,英国《卫报》曝光了由叙反对派提供的据传是巴沙尔夫妇的私人邮件,内容显示叙利亚总统夫妇生活奢侈,巴沙尔私生活不检点。3月13日,众多美欧媒体同时播出反对派提供的政府军"屠杀"霍姆斯,致47名妇孺惨死的画面,极力把巴沙尔和叙利亚政府的形象妖魔化。对此,叙国家电视台当晚毫不忌讳地播出了这组血腥照片,并由多名霍姆斯当地居民作证澄清这不过是反政府的"武装分子对无辜平民犯下残酷罪行",使西方国家制造的虚假舆论曝光。值得注意的是,中国现在已经被美国明确认定为潜在的最大竞争对手,种种以屏蔽中国发展成绩、丑化中国形象、妖魔化毛泽东等开国元勋、歪曲社会热点事件为手段的舆论战正在悄然对我国民意制造影响,试图颠倒是非曲直、俘虏煽动我国民心、培植反党反政府的社会力量。

培植亲西方傀儡政府,将西方意志美化为东方国家的自主选择。国家是维护统治利益的工具,当西方资本主义国家占领了殖民地半殖民地之后,维护与加强其统治秩序、使掠夺殖民地财富的行为合法化就成了首要的任务。于是,西方殖民宗主国着力于瓦解亚非殖民地半殖民地的政治独立性,或者直接掌握政权,或者成立买办政府进行间接统治,主导这些国家的行政、军事、立法、司法、财政、税务、外交等重大事宜。例如,晚清海关的总税务司就由英国人赫德担任,他自称为清政府的"太上顾问"。他任清廷总税务司之职达50年之久,在他的权力鼎盛时期,不仅控制着清政府的财政命脉,而且直接左右中国的内政外交以至文化事业,成为英国驻华的钦差大臣。

而当东方殖民地半殖民地政府不甘于唯西方命是从时,则培植东方殖民地半殖民地的反政府势力,制造"鹬蚌相争,渔翁得利"的有利形势,进行殖民政治驯化。鸦片战争后,清政府虽然被迫与英国签订了《南京条约》,开放了上海、厦门、广州等地作为通商贸易口岸,但仍多方限制外商活动,使英国对华贸易额呈下降趋势。太平天国革命爆发初期,许多英国商人认为,这不仅有助于"基督的传播",而且"与之相适应,对物资的需要也会增长"①,1853年2

---

① 茅家琦:《太平天国对外关系史》,人民出版社,1984,第57页。

月26日,英驻沪领事阿礼国给英驻华公使文翰递交了一份秘密报告,通过对太平天国的胜利发展及力量的分析,预测清朝"必然覆灭……这是唯一的结论"①,从而英国政商界对太平天国持欢迎态度,采取了对天朝与清朝的中立政策,先是对太平天国出售大量军火,继而使清廷也不得不从英国购买新式武器。不过,在经过亲自探访比较后,英国人得出了太平军"是极端排外的,在傲慢无礼方面甚至超过了现政权中的满洲官员"的结论②,并经过1861年清朝宫廷政变后亲西方的西太后和奕䜣执政、1862年宾汉和蒙时雍就太平军是否进攻上海谈判破裂等事件,英国在审慎地反复权衡了自己利益得失之后,才将天平倾向了清朝一边,与其联合绞杀太平军。由此可以看出,无论西方国家对殖民地半殖民地的政治采取什么策略,目的只有一个:巩固和扩大其侵略利益。

20世纪中期以后,面对已经取得独立的东方民族国家,西方资本主义国家无法再继续直接干涉这些国家的

---

① 严中平:《太平天国初期英国的侵华政策》,《新建设》1952年9月号。
② 茅家琦:《太平天国对外关系史》,人民出版社,1984,第108页。

政府事务，于是就采取了输出宪政、民主理念来改造颠覆这些国家的独立政权、培植亲西方政权的方式。为了给自己的政治干涉行为正名，美国及其西方盟国把社会主义国家政体污蔑为"专制独裁"，美国前总统小布什在其第二任期就职演说中更加明确提出："美国将在世界所有国家推动民主运动及建立民主制度，最终目标是在世界上根除'暴政'。"奥巴马政府执政后更强调使用所谓"巧实力"，更加重视以政治转基因、"颜色革命"等方式对目标国家隐蔽地实施政权更迭和政治颠覆，力求"不战而屈人之兵"。苏联解体就是美英等西方国家"颜色革命"的完胜战果。例如，撒切尔夫人最早发现戈尔巴乔夫是一个"西方可以同他打交道的人"，因而将其选定为西方培养的可能继任的苏联领袖。里根在她的影响下，很快接受了可以和戈氏一起做生意的想法，积极对戈氏灌输新自由主义政治思想。1987年，应美国出版商之约，已经丧失了共产主义理想信念的戈尔巴乔夫出版了《改革与新思维》一书，阐述了以资产阶级政治思想为基本原则的所谓"新的政治思维和对外政策的哲理"，鼓吹放弃马克思主义指导地位的所谓"民主的人道的社会主义"，从而拉开了苏联亡党亡国的历史大幕。

苏联解体后,民主化的"颜色革命"又继续寻找新的猎物。2003年格鲁吉亚的"玫瑰革命",2004年乌克兰的"橙色革命",2005年吉尔吉斯斯坦的"郁金香革命"、白俄罗斯的"雪花革命"、乌兹别克斯坦的"棉花革命",2010年突尼斯的"茉莉花革命",从独联体到西亚北非国家,以美国为首的西方国家通过"颜色革命"都取得了事半功倍的突出效果。如今,反华势力内外勾结,千方百计拉拢和培植"藏独""台独""港独""东突""民运""法轮功"等反华内应势力,又煽动中国与周边邻国的领土争端,渲染国内经济社会发展中的热点问题,图谋在中国复制"颜色革命"。

此外,非政府组织正在成为西方国家施加自己国家意志的柔软触角。长期以来,美国福特基金会、国际共和研究所、卡特中心、亚洲基金会等非政府组织(NGO)都不遗余力地积极为中国的基层选举和地方选举改革提供不同形式的援助。一些"基金会"受美国驻华使馆的委托,专门物色所谓"年轻有为"和可能平步青云的官员,以各种名义分批送往美国培训考察,而有的"基金会"则专门以我各级党政干部为攻克对象,实施长期的所谓"资助"

项目。① 实际上,许多所谓非政府组织的经济来源恰恰是本国政府,他们执行着本国政府想干却碍于舆论压力不能干的事情。对此,曾为美国国家民主基金会起草了立法草案的艾伦·温斯坦在一次采访中直言不讳地说:"我们今天干的事情,很多都是中情局25年前偷偷摸摸干的。"②实质上,正如列宁早在20世纪初所揭示的那样,那些先进国家的资本家通过"直接的和间接的、公开的和隐蔽的办法千方百计地收买"工人阶级,是企图使他们蜕化为"资产阶级化了"的"工人贵族"。③

控制世界经济,攫取东方国家的财富,实现西方文明推手的根本目的。恩格斯曾经说过:"鄙俗的贪欲是文明时代从它存在的第一日起直至今日的起推动作用的灵魂。财富,财富,第三还是财富——不是社会的财富,而是这个微不足道的单个的个人的财富,这就是文明时代唯一的、具有决定意义的目的。"④资本主义扩大再生产规律决定了,

---

① 国防大学信息管理中心:《较量无声》下集,电视纪录片,2013。
② 国防大学信息管理中心:《较量无声》下集,电视纪录片,2013。
③ 《列宁全集》第27卷,人民出版社,1990,第330页。
④ 《马克思恩格斯文集》第4卷,人民出版社,2009,第196页。

资本家只有不断扩张才能生存与发展,资本才能实现增殖。资本家为了摆脱本国狭小市场的限制,防止国内矛盾激化,攫取世界尤其是东方国家的财富是必然选择。

商品输出是西方资本主义攫取东方国家财富的第一阶段。19世纪上半期,第一次工业革命后,工厂代替了手工工场、机器代替了手工劳动,创造了巨大的生产力。随着工业产品的持续不断增多,扩大市场和寻找更多原料产地成为英国等西方自由资本主义"世界工厂"的紧迫需求。商品输出就是将自由资本主义国家的工业产品倾销到海外市场以获取高额利润的过程。为了顺利实现与东方国家的商品"自由贸易",东方国家普遍存在的小农与家庭手工业相结合为主的自然经济及其附属的商品经济,无疑成为"文明"的西方人要改造的"野蛮"现象。在19世纪的印度,殖民当局规定,印度本土纺织品在本国销售要缴纳极高的内地税,而英国输入印度的货物只收极低税甚至免税。1818~1836年,英国输往印度的棉纱增加了5200倍。在英国棉纺织品的冲击下,驰名世界的印度棉织工业急剧衰败,大量生产手工业者破产,就连印度总督本廷克也不得不承认,"这种灾难,在商业史上几乎是绝无仅有的。

棉织工人的白骨使印度平原都白成一片了"。商品输出对东方国家造成的影响,正如《共产党宣言》中所描述的,资本主义"商品的低廉价格,是它用来摧毁一切万里长城、征服野蛮人最顽强的仇外心理的重炮"①,使东方世界的精英阶层开始怀疑自身、照搬西方文明模式。

资本输出为主、商品输出为辅是西方垄断资本主义攫取东方国家财富的第二阶段。19世纪70年代以后,资本主义国家在商品输出阶段积累了大量过剩货币资本,列宁在《帝国主义是资本主义的最高阶段》中描述道,这些"货币资本大量聚集于少数国家",进入了"帝国主义"阶段。② 由于"'有利可图的'投资场所已经不够了"③,逐利本性驱使这些国家的资本家必然积极寻找更广阔、利润率更高的投资场所,因而目光再一次瞄准了东方国家。在苛刻的政治附加条件下,他们把货币资本贷给东方国家政府、企业以取得利息,或者直接在东方国家投资,独立、联合创办企业以获取高额垄断利润,从而形成了借贷

---

① 《马克思恩格斯文集》第2卷,人民出版社,2009,第35页。
② 《列宁专题文集 论资本主义》,人民出版社,2009,第186页。
③ 《列宁专题文集 论资本主义》,人民出版社,2009,第151页。

资本与生产资本输出的两种基本形式。1960～1981年,美国的对外投资额从31.9亿美元猛增至227.3亿美元,西欧对外投资额从21.5亿美元激增至224.1亿美元①,20年间增长了约10倍。

随着产业转型升级加速,西方发达资本主义国家的对外投资结构也出现了很大变化。1962年《寂静的春天》在美国出版,引起了西方世界对于环境问题的广泛关注,对于工业转型升级的呼声日益强烈。20世纪70年代中期以后,世界经济危机与原料、能源和生态危机日益激化,西方向东方国家的投资结构出现了很大变化。能源、资源、劳动力密集型与环境污染型企业所占的比例上升。就中国而言,1993年以来,中国连续20年一直是吸引外资最多的发展中国家。根据1995年第三次工业普查资料,外商在华投资的污染密集型企业有16998家,占"三资"企业总数的30%左右;其中外商投资的高度污染密集型企业有7487家,占"三资"企业总数的13%左右,但其

---

① 〔苏〕尤·尤丹诺夫:《西欧的资本输出》,水乡译,《世界经济与国际关系》1984年第2期。

占全国污染密集企业总数的比例逾40%,这表明污染密集型产业,特别是高度污染密集型产业是外商在华投资的重点。我们既亲身体会到中国经济在对外开放过程中获得的巨大发展红利,同时,也意识到生态环境问题的日益突出,空气、河流、土壤、地下水等均遭到不同程度的污染,直接危害人民身体健康,并成为制约中国进一步发展的瓶颈。对此,我们要防止西方国家借东方发展中国家引进外资、发展经济之机,将其淘汰型产业甚至污染型产业转移过来。中国由于具有资源、劳动力等多重优势更易成为西方不良资本输出的目标国,尤其应引起特别警惕。

4. 文化输出正在成为垄断资本主义对外扩张的典型方式

列宁在《帝国主义是资本主义的最高阶段》中指出:"对自由竞争占完全统治地位的旧资本主义来说,典型的是商品输出。对垄断占统治地位的最新资本主义来说,典型的则是资本输出。"[①]20世纪70年代,由于美国为首的西方发达国家无法继续根据凯恩斯主义来应对滞胀局

---

① 《列宁专题文集 论资本主义》,人民出版社,2009,第150页。

面,帝国主义开始借助经济全球化重新活跃起来,主张私有化、政府非调控化、全球贸易自由化、福利个人化,坚决反对社会主义、公有制和国家干预的新自由主义日益成为西方国家推行全球战略的重要支撑。1990年,根据新自由主义思想,"美国政府及其控制的国际经济组织制定了以市场经济为导向的一系列理论,并通过各种方式进行实施"。[①] 除此之外,西方垄断资本集团更加倚重于文化输出的方式,借助国家工具、跨国公司、非政府组织的强大力量,通过掌握话语权把自己包装成世界最先进的,向世界推销西方的"普世价值",获得了世界的向心力、吸引力,进而形成了世界人民对美元、西方商品、西方标准的盲目崇信,打通了单向度攫取高额垄断利润的渠道。

擅发美元、操纵汇率,推行金融去管制化,危及发展中国家的经济主权独立。借贷资本曾经是资本输出的基本手段之一,现在垄断资本主义已经发展为金融帝国主义,美国实施了"先向东方国家借款再反向投资东方"的

---

① 〔美〕诺姆·乔姆斯基:《新自由主义和全球秩序》,徐海铭、季海宏译,江苏人民出版社,2001,第4页。

新策略。在20世纪70~90年代,由于西方资本输出,以牺牲环境、资源、人民健康为代价,韩国、泰国、印度、中国等亚洲国家的经济迅速发展,积累了大量的以美元为主的外汇储备。对此,美国通过金融创新发明了一种双向攫取东方国家财富的新方式。

其一,肆意发行美元与国债,操纵汇率,形成"白条"经济。自布雷顿森林体系崩溃以后,世界货币体系由"黄金—美元本位制"转变为纯粹的"美元本位制",货币汇率由固定比价转变为浮动汇率,使美元彻底摆脱了价值规律决定的商品货币属性,进而确立了世界各国对美国单向度的财富输送体系。1974年,由美国主导的国际货币基金组织主持签订的《牙买加协定》从国际法意义上,确认了"成员国的货币汇率浮动和中央银行干预浮动工资的权利合法化"。从此以后,美国一方面可以不受黄金储备的限制,随意地合法地通过大量印刷纸币"量化宽松"进行美元贬值,企图赖掉借发展中国家的巨额债务。另一方面,不断扩大国际收支逆差,让东方发展中国家积累起来的资金为其新发行的美国国债继续融资,从而向世界转嫁危机、实施掠夺。这就难怪在美国的贸易伙伴身上会出现一系列怪现象：美国的贸易逆差越大越富有，与美国贸易越多、借给美国钱越多的东方发展中国家就越闹"钱荒"，得到的贸易盈余越多却越离不开美元操控，明知美国搞"白条"经济却不得不继续增持美债，可见，在美元"文明"至高无上地位的诱骗下，美国的贸易伙伴要防止沦为向美国单向度输送财富的经济殖民地。

其二，将发行美国国债借来的钱，反向投资东方发展中国家。大肆印钞、大举发债，使大量的东方国家财富转变成美元资本，重新集聚在美国财团手中。永不停息的资本为了实现循环增殖，又必然要再次投资到这些东方国家。不过，这时的资本输出往往不是投到实业生产，而是作为"热钱"进行投机炒作，不断创新金融衍生品，炒作这些国家的股市、债市、期市、楼市，根据美国意愿"帮助"其建构了漏洞百出的金融体系，造成这些东方新兴国家的通货膨胀，甚至金融危机。1997年3月3日，泰国中央银行宣布国内9家财务公司和1家住房贷款公司存在资产质量不高以及流动资金不足的问题。华尔街金融巨鳄索罗斯抓住泰国金融体系出现问题的时机，下令抛售泰国银行和财务公司的股票，并联合手持大量东南亚货币的西方投机基金一起大举抛售泰铢。在西方投机基金的围攻下,泰铢汇率不断下跌,仅7月2日当天就下降了17%,外汇及其他金融市场一片混乱。在泰铢波动的影响下,菲律宾比索、印度尼西亚盾、马来西亚林吉特也相继成为国际炒家攻击的对象,东南亚国家的汇市和股市一路狂跌,经济一蹶不振。这充分暴露了,照搬美国制定的金融法则和组织形式给发展中国家产生的严重后果。

西方商品凭借品牌优势地位,依靠高昂的售价攫取东方财富,绑架发展中国家的民族经济。在18、19世纪的商品输出阶段,西方商品凭借"低廉的价格",成为"摧毁一切万里长城、征服野蛮人最顽强的仇外心理的重炮"。[①] 而在当下的文化输出阶段,西方国家创造出了"以东方国家资本为西方服务"的新模式。西方资本家不必自己制造商品,甚至不必自己投资设厂,完全由东方发展中国家自行投资生产,自身仅仅靠塑造品牌、营销产品附加值就能获得完全脱离价值规律的高额垄断利润。马克思主义政治经济学告诉我们,机器、厂房、设备等以生产

---

① 《马克思恩格斯文集》第2卷,人民出版社,2009,第35页。

资料形态存在的资本在生产过程中只转变自己的物质形态而不发生增殖,而且还会影响资本周转的速度,成为影响资本家提升获利能力的障碍。正如美国康柏公司总裁菲费尔所说,为了"用最直接的方式赚钱",被称为OEM的贴牌生产、代工生产就成为西方创新的生产方式。具体来说就是,由西方垄断企业提供设备技术、品牌授权,由东方发展中国家提供人力场地,西方品牌拥有方负责销售,东方贴牌生产方负责生产,OEM成为20世纪中期以后西方扩大剥削能力的新社会化大生产方式。那么,西方垄断财团是如何说服东方发展中国家主动接受OEM的呢?把持"文明"的话语界定权、解释权无疑在其中起到了推波助澜的作用。美国把市场经济包装成为现代文明,使可口可乐、麦当劳、好莱坞电影等商品在横扫东方的同时,也使美国成为财富神话而风靡东方各国。在美国"文明"的感召和榜样力量的影响下,一些东方发展中国家急于发展经济、脱贫致富,热衷于追赶美国,于是主动承接贴牌生产订单,投资开办了许多代工厂。

在2013年的全球品牌价值排行榜上,中国在排名前100位的全球品牌榜上无一席位,排名前10位的品牌中,美国占据9席,并且呈现出加速发展的势头。例如,1996年,可口可乐的品牌价值是359.5亿美元,2003年其品牌价值则评估为3420.5亿美元,7年间增长了近9倍。然而,与之形成鲜明对比的是,发展中国家代工厂的利润微薄、生存艰难,并且许多企业成了加班成常态、工资似纸薄、精神疾患多的"血汗工厂"。据《经济参考报》报道,做国际品牌代工的毛利不超过10个点,代工企业维持运作主要靠走量。比如,代加工一个售价3000元人民币的Coach手包,出厂价仅为120元,除去成本最多只有20元毛利润,若成本控制不好,通常每个包只能赚5元钱。所以,在保证品牌拥有方近乎严苛的质量要求下,千方百计压低人工工资成本,成为发展中国家代工企业的唯一生存之道。尤其是,2008年国际金融危机爆发以后,西方垄断财团将危机外移,更加重了对这些代工厂的剥削力度。2011年,为苹果公司代工的富士康公司的13起工人接连跳楼事件充分暴露出,在技术含量低的代工厂里,工人的存在方式就如同机器一般,枯燥乏味的工作、低廉的工资报酬严重损害了年轻工人的身心健康,甚至容易使他们产生心理疾患,出现轻生行为。然而,代工厂的生产模式已被西方资本牢牢绑缚,面临同业之间残酷的生存竞争,转型升级十分困难,许多工厂处于勉强生存、艰难赚钱、道德诟病的两难尴尬境地。由此可见,美国经济学家弗雷德·伯格斯滕倡导的 G2 模式,或者尼尔·弗格森提出的"中美国"夫妻关系,实质上是想永久性确立中国生产、美国消费,中国储蓄、美国花钱的不平等双边经贸关系,对此我们要保持高度警惕。

西方非政府组织设立国际标准,牢牢把持符合自身利益的"世界先进水平"地位,试图统一世界经济、政治、文化的发展方向。1947 年 2 月,国际标准化组织(ISO)成立,宣称其宗旨是"在世界上促进标准化及其相关活动的发展,以便于商品和服务的国际交换,在智力、科学、技术和经济领域开展合作",它表面上是一个全球性非政府组织,实际上则是美国意志的体现。迄今为止,国际标准化组织和 1976 年分离出来的国际电工委员会(IEC)共同发布了 17000 多个国际标准,约占国际标准总数的 85%。此外,美国等西方国家还成立了 28 个国际标准机构,分别负责制定某一领域的国际标准。值得注意的是,这些所谓的"国际标准",往往基于西方国家垄断财团推销自有品牌的意图,因此体现的是美式、欧式产品的标准。对于广大发展中国家而言,西方国家通过制定国际标准筑起了高高的贸易壁垒,使众多发展中国家的商品被拒于其国门之外。而在发展中国家的国内市场,却又因 ISO 认证的技术、资金等门槛过高,所以在与外资品牌的竞争中处于劣势地位。与之相对,欧美品牌商品却打着"自由贸易"的旗号纷纷涌进发展中国家的市场,借着体现"世界先进"的国际标准之名义,即使价格贵得离谱也骗取了无数东方土豪"粉丝"的崇拜,赚得个盆满钵满。

除了上述各个具体行业的国际标准以外,西方发达国家还为发展中国家的经济、政治、文化进行了国家标准的顶层设计。GDP 神话就是西方国家设计的衡量一国经济发展状况的国际标准,深刻影响了发展中国家的经济发展轨迹。自 20 世纪 90 年代"华盛顿共识"形成之后,一些东方的发展中国家日益被拉入了西方主导的经济全球化进程中来,原本用国民生产总值(GNP)作为衡量经济的指标逐步被国内生产总值(GDP)所替代。自从引入 GDP 指标以后,原本注重"居民"国内外创造能力的 GNP 统计方式,开始被强调"国界"的 GDP 统计方式替代,无论是本国人生产的还是外国人生产的,都要计入该国GDP。这样一来,中国等发展中国家的大量外资、涌入的热钱、代工厂的产出都被统计在了 GDP 之中,营造出了一个个发展中国家经济高速增长的神话。这一指标迎合了很多发展中国家的求富心理,许多国家甚至在实际经济工作中,把 GDP 神化为经济发展的唯一目标,不惜以牺牲资源、环境、民生为代价。实际上,这些发展中国家的GDP 高速增长,难以真正体现本国的真实经济状况,很大程度上也只是拥有名义财富,而大量真实的财富却流入了西方垄断财团的腰包。不仅如此,GDP 甚至还成了一些心怀叵测的西方阴谋家"捧杀"中国、鼓吹"中国威胁论"的重要论据。

在政治领域,将美式民主界定为国际政治标准,大搞民主制度输出。共同的是,"一是要亲美的所谓民主派上台执政,完全接受美国的控制,服从美国的利益和全球战略;二是要利用执政者的力量移植美国的民主制度,一般是要先移植美国的宪法,即接受美国的人权和价值观念,然后按照美国的宪法,建立美国的民主政治体制,并逐步在社会关系和社会生活的各个方面都实现

'美国化'。"①

在文化领域,把赋予美式内涵的"民主""自由""法制""人权"神化为放诸四海而皆准的价值观,大搞"普世价值"输出。价值观输出以征服和控制发展中国家决策者及民众思想、文化、政治意识、价值观念的方式,成为改变两国之间权力地位和关系的重要手段。这种策略最微妙、最不易察觉,效果也最好。一旦文化价值观输出成功,西方垄断资本家对东方国家的征服将是比军事征服和经济控制更彻底、更长远的胜利。

美国学者汉斯·莫根索在《国家间政治权力与和平的斗争》中提出,现在的新帝国主义在对其他国家的控制上,有三个方面的含义:一是政治帝国主义,二是经济帝国主义,三是文化帝国主义。这些手段,实际上就是和平演变。对于这类手段,中国等发展中大国特别应当提高警惕,加以防范。

总而言之,西方资本要让全世界人民都成为其俯首帖耳的附庸。正如马克思在《1861~1863年经济学手稿》

---

① 刘国平:《论美国民主制度输出》,《红旗文稿》2010年第19期。

中揭示的,"文明的一切进步……都不会使工人致富,而只会使资本致富,也就是只会使支配劳动的权力更加增大,只会使资本的生产力增长"①,"华盛顿共识"并不是某些善良的人所期待的那种"公共理性",而是一国意志的普世化。"因为资本是工人的对立面,所以文明的进步只会增大支配劳动的客体的权力"②,作为世界强者的美国政府只是"出于自身利益的需要"来推销西方文明,意欲筹划建立"如何运用这一强国地位及影响去建立一个符合自身利益的全球体系"。③

---

① 《马克思恩格斯全集》第32卷,人民出版社,1998,第183~184页。
② 《马克思恩格斯全集》第30卷,人民出版社,1995,第267页。
③ 〔美〕诺姆·乔姆斯基:《新自由主义和全球秩序》,徐海铭、季海宏译,江苏人民出版社,2001,第5页。

三 西方文明东进战略的积极应对

虽然西方文明东进战略客观上发挥了推动现代化进程的作用,但是西方国家的根本目的和战略方向是吞并、同化东方文明,对于广大殖民地半殖民地国家的积极影响仅是副产品,推动作用十分有限。习近平同志指出:"西方国家遏制我国发展的战略图谋是不会改变的。他们决不希望我们这样一个社会主义大国顺利实现和平发展。在这个问题上,我们要保持高度警觉,不能抱任何幻想。"[①]当前,世界正处于经济大动荡、体系大变革、格局大调整的特殊历史时期,国际局势瞬息万变,经济低迷成为全球经济的新常态,市场需求成为全球竞争最稀缺的资源,生态环境遭破坏、粮食安全问题突出,能源供求格局出现新变化。与些同时,保护主义升温,冷战思维抬头,经济问题政治化现象突出,大国关系也进入交流合作与竞争冲突并存的历史新阶段。西方文明东进战略既对中

---

① 国防大学信息管理中心:《较量无声》上集,电视纪录片,2013。

国国家安全构成巨大挑战,又成为中国可以大有作为的重要战略机遇期。

1. 认清"生态""反恐""时尚"话语的文明扩张本质

西方文明东进战略是要打一场没有硝烟的侵略战。近代以来,各弱小民族人民进行了一系列艰苦卓绝的反抗侵略斗争,本国人民的反战情绪也日益高涨,这些成了西方殖民主义者的直接障碍。通过总结经验教训,西方垄断资本集团日益明白了一个道理,民心是决定战争成败的巨大伟力。争夺话语权、收买人心,不仅能平抚反抗情绪,还具有不战而屈人之兵的神奇力量。"自由""民主""人权"成为西方国家在旧殖民主义时代的典型话语,为其残暴的对外侵略战争披上了道德的外衣。借助这些光鲜的话语,西方国家轻易地俘虏了本国乃至被侵略国的民意,占据了道义的制高点,从而使其"野蛮"的掠夺行为具有了"文明"的假象。

随着东方发展中国家纷纷取得独立,政治上的独立必然要求建设本民族国家的独特思想、价值观念和话语体系。加之,选举丑闻、金钱政治、经济危机、暴力冲突、社会骚乱、局部战争等恶性事件频发,日益暴露出西方的"自由""民主""人权"话语的虚伪性,西方文明的先进性进而也遭到质疑和诟病,不仅难以有效地承担西方资本集团东进的历史使命,反而暴露出西方国家称霸世界的政治野心。基于"自由""民主""人权"话语作为政治符号的敏感性,西方垄断资本集团开始转而运用涉及人民生活的语言符号,塑造新的"全球共识""普世价值"。

以"生态"为话语,西方发达资本主义试图掌握人类文明进步的道义权力。迄今为止,以处理人与自然关系为基本内容的生产力为重要标志,人类已然经历了原始采猎文明、农业文明、工业文明的历史发展阶段。在这一历史进程中,人与自然的关系也经历了从畏惧依附自然、改造利用自然、征服主宰自然的演进历程,与此同时,人类赖以生存的生态环境亦经历了从资源开采到资源耗竭、从浅层环境污染到深层生态系统损坏、从可恢复的生态破坏到不可逆的生态灾难、从局部地区的生态问题到全球性生态危机。全球气候变暖、臭氧层空洞、资源能源短缺、土地荒漠化等严峻的生态问题已经引起世界各国的关注,保护我们共同的地球已经成为世界各国的高度共识。

然而,资本主义生产的决定性目的就是利润,保护生态环境会成为影响其利润实现的障碍,因而被资本家核算为成本,将责任向企业外部转移。在资本的逻辑下,未经过滤净化的污染物排放越多,企业成本越低、利润越高;相反,就越亏损。但是,1943年美国洛杉矶光化学烟雾事件、1948年美国多诺拉烟雾事件、1952年英国伦敦烟雾事件,引起了这些国家人民对于环境污染和生态保护问题的广泛关注。对于酸雨、温室效应、臭氧层破坏、水资源污染、大气污染、垃圾成灾等日益严重的环境问题,资本主义国家人民的不满情绪迅速上升。20世纪60年代以后,美国等发达资本主义国家掀起了大规模的群众性反污染、反公害的环境保护运动,工业生产的环境标准提高,严重增加了资本家的生产成本。于是,美国等西方发达国家试图建立全球生态话语霸权,开始加速向东方发展中国家外包其高污染、高耗能产业。一方面,妄图把生态问题政治化,抨击后发国家的政治体系。这种观点把中国政治歪曲为专制集权政体,进而把生态环境灾难的原因归咎于政治专制;另一方面,逃避生态破坏的历史和现实责任,抢占生态道义的制高点。在里约联合国环境与发展大会、哥本哈根世界气候大会、里约+20联合国可持续发展大会上,美国等就极力否认发达国家应该为其在工业化进程中累积造成的大气环境污染"埋单",反而要求中国等后发的发展中国家制定更大力度的减排目标。正是由于发达国家推诿自身责任,对中国等发展中国家进行道义施压,这些重要的世界性环境会议都未能达成有约束力的文件,减排的责任难以在各国具体落实。

当下,西方国家垄断资本集团正在以保护生态环境为名,行大肆敛财之实。仅以碳关税为例,欧盟、美国为了摆脱金融危机的困境,实行了生态名义下的贸易保护主义,提出了对高耗能产品进口征收二氧化碳排放特别关税,制造"绿色壁垒"。其中,最唬人的说辞就是"绿色革命",从而,"文明"地采取了"绿色关税""绿色市场准入""绿色反补贴"等措施,发展中国家出口型企业在"绿色壁垒"面前,唯一出路就是获得发达国家的贸易通行证。

"文明"话语幌子下的"绿色壁垒"对中国的出口贸易

影响很大,由于中国对美国、欧盟出口以机电产品、家具玩具和纺织品及原料等高含碳低附加值的产品为主,极易成为碳关税的课税对象。据世界银行研究报告称,如果碳关税全面实施,在国际市场上,中国制造可能将面临平均26%的关税,出口量因此可能下滑21%。① 值得注意的是,西方的生态话语着力于抢占道义制高点,虽然表面上体现着世界人民保护生态的呼声,实际上却是在绑架世界人民保护生态的热情,嘴里喊的是环境保护,看重的却是利益。西方国家大幅度提高外来产品入境价码的真实目的,就是将有竞争能力的外来产品拒之门外,实质上是损害东方发展中国家的生态权益、发展利益,为自己谋取生态福利、超额利润的特权。

以"反恐"为话语,西方霸权主义国家为消除异己披上迷惑性外衣。 2001年"9·11"袭击事件发生后,美国小布什政府及其盟友随即宣布开展"全球反恐战争"。自从赋予了"文明"以进步的内涵,掌握了文明的道义权和评

---

① 林永锋:《"碳关税"不等于"狼来了"》,《中国能源报》2010年2月1日第9版。

判权以后,改造乃至消灭"野蛮人"就成为美国等西方国家自封的义不容辞的神圣"职责"。"二战"后,美国作为资本主义国家角力较量后产生的新霸主,自然肩负起了这一职责。美国把所有反对美国及其盟友利益的武装活动,均定义为恐怖主义,把譬如朝鲜、伊朗等价值观与其相左并经常对其呛声的国家,定义为"恐怖主义国家"。本·拉登、奥拉基等恐怖分子作为一种新型"野蛮人",不听"文明"的美国人调教,反而冒犯"文明人",对其恩将仇报,正是美国需要消灭的对象。"9·11"事件发生后,美国以捉拿恐怖分子本·拉登为名迅速出兵阿富汗,又以"反恐"为名义悍然出兵伊拉克。十年间,美国挥舞着"反恐"大棒,与一些国家兵戎相见,绞死了萨达姆,击毙了本·拉登,推翻了塔利班,按理说,恐怖分子应该已经消灭殆尽。

但是,美国国家反恐中心公布的恐怖分子名单非但没有减少,反而在逐年增加。2003年,该中心发布了一张包括10万人的"反恐"名单,而2013年"反恐"名单就已猛增至50万人。美国等西方国家确立的"反恐"话语,表面上是打击影响国家安全的暴力袭击,但背后的真实目的却是维护并扩大其世界霸权。实质上,资本的本性就是无穷的欲望,一切阻碍它扩张的力量都会被它冠以"恐怖"之名,"正义"地对之进行遏制打击。但是,暴力恐怖袭击正是资本主义全球扩张所导致的尖锐冲突的产物,资本主义自身才是恐怖主义的根源。现在,美国是全世界85%以上祸乱的策源地,巴尔干的战火,伊拉克的内乱,中亚的动荡,台海的危机,车臣、南奥塞梯、高加索等地区熊熊战火的背后都有它的身影。"反恐"正在成为美国推行新干涉主义行为的话语幌子,其背后的真实目的则是防范打击挑战其霸权的国际力量,暴露出了西方霸权主义国家对世界主张和平与正义的力量的畏惧心理。

2014年3月1日,昆明发生暴力恐怖袭击事件,"东突"分裂分子持刀砍人,致29名无辜群众死亡,130多人受伤,我们举国上下为此而沉痛哀悼。然而,美国有线电视新闻网在报道时将"恐怖分子"打上引号为其辩护,《纽约时报》《华盛顿邮报》等将恐怖分子仅仅称为"攻击者",美联社甚至选择性引用受访者的话,竟称"应让维吾尔人独立"。由此可见,"反恐"话语不过是美国宽以待己、严以待人"双重标准"的典型体现,挑战其世界霸权的行为被丑化为"恐怖主义",而制造他国尤其是他不喜欢国家骚乱的行为却被美化成了"正义之举"。实质上,"反恐"话语发挥着维护和扩大西方世界霸权体系的作用。不过,西方垄断资本集团在把反抗者作为敌人的同时,也在与全世界爱好正义与和平的人民为敌,难怪一些国家和人民根据美国自己对于恐怖主义的定义,指责美国为"国家恐怖主义"。

以"时尚"为话语,西方社会发展模式正在走向模板化,试图借此统一世界。 在现代大机器工业生产中,一旦设计好模板,就可以实现相应的批量化生产,达到低成本、高赢利的目的。西方垄断资本集团将工业生产领域的模板化工序推而广之,在世界经济、政治、文化、社会等各领域积极制造模板、范本。这种模板是试图以西方的头脑代替世界的头脑,使世界人民停止思考、停止自主创新,给东方发展中国家编造了一个个"只需复制粘贴,就能文明进步"的美丽谎言。从服装、日用品到电视、网络、杂志,从日常生活到精神消费,西方"模板"正在全球加速复制。在"时尚王国"法国,每年春夏或秋冬季林林总总的生活时尚流行趋势发布会便纷纷登场亮相,涉及服装、皮具、香水、化妆品、珠宝等方方面面,基本涵盖了人们穿着打扮的所有相关产业。在"没有国界的永恒美丽"口号的煽动下,时尚外衣下的奢侈品受到世界人民的顶礼膜拜。2013年,30间奢侈品牌公司的总营业额将近150亿欧元,87%的时尚产品出口到国外,亚洲高居出口额榜首。随着西方"时尚"品牌商品蜂拥而至,世界其他民族的美丽标准模糊了,审美权丧失了,取而代之的则是西式的审美标准。

不容忽视的是,发展中国家的电视、网络、杂志等文化传媒,也正在成为西方"时尚"的鼎力传播者。2013年,《中国好声音》选秀节目火爆电视荧屏,而其所有标识、海报设计、宣传片头、导师们拿着麦克风的手势、现场红色的背景,甚至导师所坐的椅子等整体包装和视觉元素都与《荷兰好声音》无异,中国引进方还为此支付了300多万的节目模板购买费,另一档电视节目《中国达人秀》则是从英国购买的版权。东方发展中国家的时尚追随者,通过不用动脑的简单复制成就了"时尚范儿",更成就了西方资本巨头的巨额利润。2009年,国际电视节目模板认证和保护协会发布了一个名为《电视模板走向世界》的报告,该报告显示,2006~2008年,世界上445个原版电视模板得以远销海外。在此期间,电视节目模板产生的包括授权许可费、顾问费和其他辅助收入等在内的交易量,已达到93亿欧元,比2002~2004年增加了45%。[①] 从日常生活到文化消费的西方模板化,正是西方国家推行"西化"战略的典型体现,它直接影响到东方发展中国家人们的生活方式和价值观念。西方的文化价值观正以前所未有的速度渗入中国等东方发展中国家人民的头脑,形成对民族价值观的消解与替代作用。不难理解的是,当我们在吃着麦当劳、肯德基,穿着迪奥、香奈儿服装,用着苹果电脑、微软操作系统之时,文化价值观也极易随之不知不觉地走向西化。

在"时尚"话语的裹挟下,当西方模板开始在东方国家推广复制以后,西方国家的模板制定者们又推出了一系列的评奖活动,进而评价谁复制得好,敦促不愿复制的国家加入其中。当下,在许多中国人心目中,诺贝尔奖文

---

① 白朝阳:《〈中国好声音〉版权购买费高达300多万元》,新华网,http://news.xinhuanet.com/fortune/2012-08/21/c_123607931.htm。

学奖正在取代茅盾文学奖、奥斯卡奖正在取代金鸡奖的分量,实际上,西方"时尚"话语推销者们是妄图根据自身标准来衡量世界的先进与落后,迫使世界各国与西方资本的利益步调一致。许多国际大奖的实际操纵者往往与颁奖国政府没有多大关系,他们要么是暗中篡夺了原来由该国政府创办的组织,要么是以该国的名义成立实则为国际征服集团服务的组织,却堂而皇之地以"国际社会"的名义影响世界甚至发号施令。在当今被垄断的世界文化市场,是不是"杰作"早已不再由创作者本人和鉴赏者决定,他们的权利正在被垄断资本巨头偷偷夺去。尤其是,有语言和文化内涵的作品不再由本民族本国人民评判,而是由毫无资质的、多数为西方资本财团控制的所谓国际机构定夺。审美权的丧失,使一个流氓可以一夜之间被捧为艺术大师,而一个真正的民族文化大师也极易被翻手雪藏。更为可悲的是,发展中国家还有成千上万追逐国际荣誉的狂热"粉丝",贱卖民族自尊心,不明就里地走进西方殖民主义文化的队列,为其卑躬屈膝而浑然不觉,甚至引以为荣。

以世界人民关注的全球性问题确立话语权,借机植入自己的文明标准,是当今西方国家进行文明东进战略的基本手段。文明评审权的丧失,对于那些并未形成自身文明发展模式、极易被其他大国文明影响的小国来说,构成的影响可能并不显著。而若中国这样一个已经创立了独立文明体系的大国堕落到将话语权、道义权和审美权拱手相让于本民族之外,那就意味着这个文明体的大脑已经停止思考。对此,我们要特别予以警惕!

2. 中国需一分为二地客观对待西方文明

西方文明风靡全球,固然有西方资本集团的强力推动,但是西方文明也确实具有很大的历史进步性,具体表现在生产力快速发展、政治民主程度提高、文化产品丰富多样等方面,这是毋庸置疑的。对于处于现代化关键时期的中国来说,全盘接受或一概拒斥西方文明,显然都是不科学的态度。

自觉处理好西方文明的精华和防止西方意识形态渗透的关系。当前,积极学习借鉴西方先进文明理论,是在中国全力进行现代化建设、建设中华现代文明的必然要求。一方面,和平与发展的时代主题使得中国争取到一个较为有利的国际环境成为可能;另一方面,世界社会主义运动的低潮和不平等的国际政治经济秩序又使得中国的现代化进程面临着巨大的风险。世界霸权主义总是不断为中国的发展设置障碍,试图左右中国的现代化进程,企图让中国在世界格局中处于不平等的地位。对于此类"西化""分化"甚至控制中国的图谋,邓小平在改革开放之初就明确指出:"任何外国不要指望中国做他们的附庸,不要指望中国会吞下损害我国利益的苦果。"[1]如何"既不走封闭僵化的老路,也不走改旗易帜的邪路",顺利实现中国特色的现代化,已经成为摆在我们面前的重大时代课题。对此,我们要深刻地揭露新自由主义、"普世价值"论、"中国威胁论"、"中国崩溃论"等错误思潮的西方意识形态渗透本质,用具有时代性、针对性的爱国主义教育我们的人民。我们也要抓住党的纯洁性、先进性建设这个重点,端正和提高党员干部贯彻落实社会主义意识形态建设方针的态度和能力。我们还要牢固坚持市场经济建设的社会主义方向,巩固和壮大公有制的主体地位,使经济社会发展在服务人民的正确轨道上运行。

---

[1] 《邓小平文选》第3卷,人民出版社,1993,第3页。

自觉划清西方先进文明成果与西方文明中心论的界限。站稳正确的立场是"划清界限"的根本政治前提。[①]什么是社会发展进步？马克思曾指出,"不仅仅决定于生产力的发展,而且还决定于生产力是否归人民所有"[②],从而揭示了人类文明进步的出发点和落脚点在于人民群众。换言之,文明进步为了谁,文明成果归谁享有,是划清西方先进文明成果与西方文明中心论界限的科学标准。基于这个标准,我们既要看到,西方社会在市场经济、程序民主、医药卫生、科学技术等领域的一些文明成果对于保障人民基本生存权益、提高人民生活水平具有积极作用,因而属于西方先进文明的范畴,值得我们学习和借鉴。同时,又要看到那种认为"西方文明代表了历史的顶点和终点""西方文明是人类文明的主流"等基于人类中心主义、个人主义、利己主义立场上的西方文明理论属于西方文明中心论思想,违反了人类文明和而不同、共同进步的基本要求,因而是必须高度警惕和坚决摒弃的。

---

① 李崇富:《要自觉划清马克思主义同反马克思主义的界限》,《高校理论战线》2010年第2期。
② 《马克思恩格斯文集》第2卷,人民出版社,2009,第689页。

自觉划清学习借鉴西方文明优秀成果与盲目崇拜西方文明的界限。建立在现代资本主义所有制基础之上的西方文明理论的确在很多方面曾经居于世界领先地位,并且至今仍然在塑造文化认同、构建社会共识等诸多方面走在时代发展的前列,在某种程度上,这是历史发展必然性的体现。不过,马克思提示我们这"决不是生产的一种绝对的必然性,倒是一种暂时的必然性,而这一过程的结果和目的(内在的)是扬弃这个基础本身以及扬弃过程的这种形式"①,这是基于历史唯物主义与辩证法相统一的科学认识论原则而得出的理论总结,需要我们自觉用于科学对待当代西方文明的优秀成果。同时,近年来美国"占领华尔街"运动、游行、罢工、英国骚乱等在西方发达国家发生的社会动荡事件也启示我们,市场化、民主化、自由化等被西方认为目前处于世界领先水平的西方文明理论,将会甚至正在随着时代发展而被历史扬弃,因而绝对不会是所谓永恒的、终极的完美状态。目前,有些人仍然迫不及待地要求融入西方文明主流、回归所

---

① 《马克思恩格斯文集》第8卷,人民出版社,2009,第208页。

谓西方文明正统,就是由于不能以历史唯物主义的立场、观点和方法客观看待西方文明,从而陷入了盲目迷信西方的认识误区。

当今世界正处于经济大动荡、格局大调整、体系大变革的重要历史时期,文化在综合国力竞争中的地位和作用更加凸显。一些西方发达国家更加注重通过文化产业、借助文化产品,输出其价值观念和生活方式,已经对我国造成巨大冲击。这就提醒我们,要高度重视西方文化入侵与和平演变的严重危害。邓小平早就指出:"整个帝国主义西方世界企图使社会主义各国都放弃社会主义道路,最终纳入国际垄断资本的统治,纳入资本主义的轨道。"[1]"美国,还有西方其他一些国家,对社会主义国家搞和平演变。美国现在有一种提法:打一场无硝烟的世界大战。我们要警惕。资本主义是想最终战胜社会主义,过去拿武器,用原子弹、氢弹,遭到世界人民的反对,现在搞和平演变。"[2]无硝烟的战争就是和平演变,而和平演变

---

[1] 《邓小平文选》第3卷,人民出版社,1994,第311页。
[2] 《邓小平文选》第3卷,人民出版社,1994,第325~326页。

的基本手段就是改变人的思想,植入符合侵入者利益的思想。对此,我们一定要增强政治敏锐性,从思想上加以重视、提高警惕,更要积极建设和弘扬社会主义核心价值观,增强对于中华文明的自我意识和认同感,进而提高对于西方文明的鉴别力、判断力。

3. 中国要坚定维护和促进世界文明的多样化发展

中国作为一个拥有五千多年历史的文明古国,从古至今为人类文明的整体进步做出了自己独特的贡献。自古以来,中华文明的进步都不是建立在欺压、掠夺其他文明的基础之上的,而是秉持交流借鉴、兼容并包的精神,依靠中华儿女自身的艰苦奋斗、自强不息,而取得了辉煌灿烂、历久弥新的成就。

中国人民自古以来就有天下大同的外交理念,近代又深受外敌入侵之苦,经历了文明中断的危机,继而迎来逐渐复兴的历史转机。中华人民共和国成立以后,我们又逐渐走上了具有国际主义精神特质的社会主义道路。当代中华文明复兴之路吸取了历史的经验和教训,将中国传统文化中"己所不欲勿施于人""独乐乐不如众乐乐""达则兼善天下"的道理,转化为中国的外交方针政策,奉行"和平共处五项基本原则",尊重各国人民自主选择自身文明道路的权利。江泽民同志明确指出:"各国文明的多样性,是人类社会的基本特征,也是人类文明进步的动力。"①胡锦涛同志也提到:"不同文明交流借鉴、兼容并蓄,是社会进步的不竭动力。"② 2014年3月27日,习近平同志在联合国教科文组织总部发表演讲,指出:"文明因交流而多彩,文明因互鉴而丰富。文明交流互鉴,是推动人类文明进步和世界和平发展的重要动力。"③

中国要坚定维护世界文明的多样性。亨廷顿提出的"文明冲突论"在当今世界仍然很有影响,并且成为"中国威胁论"的重要理论支撑,甚至成为美国等西方发达国家政府外交政策的重要理论依据。2014年5月28日,美国总统奥巴马在西点军校2014届毕业典礼上发表讲话称,美国打算成为未来100年内的世界领袖。事实上,美国不

---

① 《江泽民文选》第3卷,人民出版社,2006,第298页。
② 胡锦涛:《在联合国系列会议及二十国集团领导人金融峰会上的讲话》,人民出版社,2009,第13页。
③ 《习近平在联合国教科文组织总部发表演讲》,中国新闻网,http://www.chinanews.com/gn/2014/03-27/6002495.shtml。

仅在这样说,也在一直致力于领导世界各国。西方经济、政治、文化一统世界的步伐正在加快,商业品牌、流行音乐、好莱坞大片、基督教正在我国蔓延、渗透。由于美国政府早已被垄断寡头所控制,因此美国领导世界的意愿绝对不是出自兄弟情谊、互帮互助的大公无私情怀,而是在同化、消灭世界其他文明的过程中,不断追逐和扩大超额垄断利润。对此,江泽民同志曾明确指出:"文明的差异不是世界冲突的根源,而应是世界交流的起点。"①胡锦涛同志也曾说过:"我们要维护人类文明多样性,本着平等、民主的精神,推动各种文明和平共处、取长补短、共同发展,让世界更加丰富多彩。"②在习近平同志看来,世界文明的特征本身就是多彩的、平等的、包容的。在全面深化改革的新时代,中国必须坚持以公有制为主体的社会主义经济发展道路,转变外向型经济发展模式,依靠科技进步,努力扩大内需,充分调动本国人民的生产积极性,才能在与西方发达国家的交往中掌握文明进步的自主权,也才能在与其他发展

---

① 《江泽民文选》第3卷,人民出版社,2006,第520页。
② 胡锦涛:《在纪念中国人民抗日战争暨世界反法西斯战争胜利60周年大会上的讲话》,人民出版社,2005,第18页。

中国家交往中摆脱"国强必霸"的文明进步陷阱。

中国要努力促进各种文明的交流互鉴、兼容并包。隔绝容易产生误解,交流才能促进互信。中华人民共和国的社会主义国家性质决定了当代中华文明复兴绝不会照搬西方资本主义发展模式,走对外扩张的道路。基于此,习近平同志将中国比喻成"一只和平的、可亲的、文明的狮子"①,中国实现民族复兴、国家富强、人民幸福的"中国梦",不是要打搅别国发展的美梦,而是"达则兼善天下"②,中国要一心一意办好自己的事情,这既是在对自己负责,同时也是在给世界带来机遇、和平、进步,促进中国梦和世界梦的深度融合,为世界的整体全面进步做出贡献。随着中国不断发展,中国应继续尽己所能,与周边及更多国家结成"命运共同体",彼此同心同德,休戚与共,和衷共济,守望相助,为世界和平与发展做出更大的贡献。

不仅如此,中国还要按照毛泽东主席所确立的"三个

---

① 《习近平在中法建交50周年纪念大会上的讲话》,新华网,http://news.xinhuanet.com/world/2014-03/28/c_119982956_3.htm。
② 习近平:《穷则独善其身,达则兼善天下》,新华网,http://news.xinhuanet.com/2014-03/28/c_119984605.htm。

世界"划分的原则,分清敌友,团结一切可以团结的力量,坚持互尊互信、互利共赢、世代友好、紧密协作的原则,促进国际和地区事务中的磋商、协调、配合。同时,共同应对全球化带来的挑战,以斗争促和谐,坚决反对霸权主义、强权政治,持续推动世界多极化、国际关系民主化,推动平等协商、集体制定国际规则,致力于建立国际经济政治新秩序。

"人类文明因包容才有交流互鉴的动力。一切文明成果都值得尊重,一切文明成果都值得珍惜。只有交流互鉴,一种文明才能充满生命力。只要秉持包容精神,就不存在什么'文明冲突',就可以实现文明和谐。"[①]习近平同志的这段话启示我们,中国要应对西方文明的挑战,务必要走和平发展的文明进步道路,坚定维护世界文明的多样性,努力促进各种文明的交流互鉴、兼容并包。

4. 中国应有建设崭新文明的高度自信

16世纪以来,西方文明在世界各地刮起了一股飓风,

---

① 《习近平在联合国教科文组织总部发表演讲》,中国新闻网,http://www.chinanews.com/gn/2014/03-27/6002495.shtml。

试图把全世界都卷进它的旋涡。以文化价值观为核心的西方文明全球传播进程是一个裹挟着私利、横扫各民族国家的巨大冲击波。在这种情形下,人类不同类型文明之间的关系似乎就是西方文明提出挑战、其他文明奋而应战的模式。在"挑战—应战"的模式下,斯拉夫文明曾取得了与之抗衡的最好战绩,但也最终败下阵来。如今,中华文明能否应对西方文明的强大攻势,直接关系到中华民族复兴、现代化建设事业的成败!探索出比西方文明更先进的现代文明进步道路,就是解决此重大问题的关键所在。

唯物辩证法启示我们,外因始终要通过内因起作用。西方文明东进战略虽然布置得十分精密,但它必须通过改造我们党和人民的思想,才能发挥渗透和瓦解的作用。所以,问题的关键是,我们自己的头脑是否清醒,立场是否坚定,措施是否得当,这才是决定西方文明东进战略成效的根本!只要我们对自己的文明具有明确的自我意识、高度的认同感、持之以恒的践行精神,总而言之,要对中华文明拥有充分的自信,那么,任凭西方文明东进战略使出何等招数,我们也依然能够岿然不动,屹立潮头!

当代中华文明的自信,根本上来源于我们建设的是一种前所未有的崭新文明——真正的普遍的文明。历史唯物主义认为,文明进步的出发点和落脚点都是人。这里的人不是抽象的、孤立的、原子化的人,而是现实的、从事物质生产实践活动的人,目的是提高人民群众的自主活动能力。迄今为止,人类文明史始终在阶级对抗中艰难前行,精神的相对退步与物质的进步相伴而生,多数人生活状况的相对退步与少数人的进步如影随形,导致这一文明悖论的根源正是私有制基础上的阶级剥削关系。"最终将以真正的普遍的文明来代替彼得大帝所推行的虚假的文明"①,这是 1858 年马克思在《关于俄国的农民解放》一文中,对于社会主义在人类文明进程中地位和使命的精辟阐述。在当今时代,真正的普遍的文明就是体现最广大劳动人民根本利益的社会主义文明。

文明在本质上是指作为主体的人在处理自身与社会、自然界关系的实践过程中所取得的积极成果,表示的是人与外部世界及自身的和谐统一状态。由于中国特色

---

① 《马克思恩格斯全集》第 12 卷,人民出版社,1962,第 725 页。

社会主义制度建立在最大多数人根本利益一致的基础上,人、社会、自然界之间总体上处于一种协同状态,所以,广义的社会文明(含物质文明、精神文明、政治文明、狭义的社会文明)、生态文明、主体文明构成了中国特色社会主义文明建设系统的三个基本层面。① 从人类文明进步历史中所面临的问题来看,社会文明旨在解决社会结构各层面之间关系的问题,生态文明旨在解决人类社会与自然环境关系的问题,主体文明旨在解决文明成果与满足人民需要关系的问题,三者分别代表了人类改造社会、外部自然界、主体自身的三种基本实践活动。

尤其需要注意的是,对于文明内涵的提炼,不能只从社会制度、社会结构角度研究,把经济建设与物质文明、政治建设与政治文明、文化建设与精神文明做简单的一一对应联系,从而认为物质文明建设目标只是发展经济,政治文明建设目标只是完善政治制度,精神文明建设目标只是发展先进文化。这样一来,理论上出现了一个很

---

① 参见李艳艳《中国特色社会主义文明结构论》,《安徽师范大学学报》(人文社会科学版)2012年第2期。

大的问题,就是把文明视为独立于人之外的自然存在物,忽视了从社会文明整体价值、社会文明总体功能上看问题,忽略了人的自由全面发展这一文明发展的最终目标。当前,我们进行社会主义物质文明、政治文明、精神文明、社会建设,必须紧密围绕以人为本这一总体价值目标,始终把人的价值诉求贯穿于中国特色社会主义文明建设的各个方面。具体来说,物质文明建设要对生产和分配领域同步改革,实现全体人民共同富裕的目标;精神文明建设要通过科学理论、正确舆论、高尚精神、优秀作品,实现培育有理想、有道德、有文化、有纪律的社会主义公民,提高整个中华民族的思想道德素质和科学文化素质的目标;政治文明建设要完善社会主义民主,实现人民当家做主的目标;狭义的社会文明建设要改革社会体制、扩大公共服务、完善社会管理,实现保障和改善民生的目标。

当代中华文明的自信,核心来源于有别其他文明的哲学社会科学思想体系。纵观人类文明史,发明各种工艺的民族多如牛毛,创造了独立哲学社会科学思想体系的文明却屈指可数,所以,大多数民族在其他文明逻辑严密的"诛心术"攻势下,很容易被别人的思想体系所覆盖。

这些民族的传统文明成果要么已经进入历史的博物馆，要么沦为非物质文化遗产偏隅苟安，实际上只能给后人提供点琐碎的文明碎片，而文明的灵魂早已被淘空。如今，美国及其同盟已经对准中国展开了"诛心术"攻势，美国新保守主义代表人物罗伯特·卡根在《天堂与实力——世界新秩序下的美国与欧洲》中曾披露，"9·11"之前，美国战略圈已经开始把矛头对准了中国。把中国看成美国的下一个重大战略挑战者，这种观点在克林顿时期的五角大楼就形成了。小布什上台前后，曾尖锐地指出中国不是美国的战略伙伴，而是一个战略竞争对手。自此，中国是美国的挑战者这种观点得到官方正式确认。对此，我们必须要有清醒的认识，要牢记"谁是我们的敌人？谁是我们的朋友？这个问题是革命的首要问题"[①]，不要心存幻想与美国结成战略同盟，而是要做好充分的防范应对准备。

文化是文明的重要表现，文明标志着对一种文化的广泛认同。古代中国文化曾经对世界发生巨大影响，英

---

① 《毛泽东选集》第1卷，人民出版社，1991，第3页。

国人霍布森曾在《西方文明的东方起源》中论述,欧洲文明发展的每个重要转折点很大程度上都是通过吸收东方发明而完成的。在17世纪与18世纪初的欧洲,中国被描述为天堂般美好,生活的中国化是一种时尚,思想的中国化也成为心甘情愿,其间涌现出了一批中华文明的狂热"粉丝",他们把孔子的格言当作座右铭,把康熙皇帝当作西方皇帝的榜样,其中就包括伏尔泰、狄德罗、杜尔阁、魁奈等西方著名思想家。伏尔泰甚至在《百科全书》的"历史"条目中虔诚地写道:"中国人优于世界上一切民族。"就在18世纪初期,欧洲王室还纷纷以模仿中国为荣,法国王室举办化装舞会,参加者竟不约而同地化装成中国人,以显示自己德操高雅。1756年春分日,法国国王路易十四模仿康熙皇帝,扶犁扬鞭,下地耕种,昭示百姓勤奋劳作,以慰天灵。与今天许多人把中国文明落后挨打归咎于墨守成规相反,伏尔泰却把中国文明先进的原因归纳为,"中国人优于世界上一切民族之处,就在于自从大约四千年来,他们的风俗,士人说的语言,一直没有变化"。

但是,近代以后,这一切都变了。美国仅仅200多年历史,却掌握了文化产品出口50%以上的份额。时至今日,许多西方人对于中国文明的印象仍然停留在京剧、长城、武术上面,对于当代中国的形象知之甚少。如何让中国文明产生世界影响力?中国政府做出了很多尝试,中国形象片在海外播出、中国文化节在海外开展。孔子学院也在海外纷纷创办,截至2013年9月,435所孔子学院和644个孔子课堂已经在117个国家(地区)得以建立。但是,中国文化的推广工作很大程度上还只是政府在做,民间的商业方式太少,表面上的宣传较多,内涵上的文化价值观培育不够,这一系列因素都影响了当代中华文明的复兴进程。

建设当代中国的哲学社会科学学术话语体系,是从内涵上培育和提升当代中华文明的首要问题。2012年6月,李长春同志在马克思主义理论研究建设工程会议上明确提出:"如何在学习借鉴人类文明成果的基础上,用中国的理论研究和话语体系解读中国实践、中国道路,不断概括出理论联系实际的、科学的、开放融通的新概念、新范畴、新表述,打造具有中国特色、中国风格、中国气派的哲学社会科学学术话语体系,是理论界和学术界面临的重大而紧迫的时代课题。"①为此,针对国内思想理论界存在的一些偏颇,笔者认为,打造中国特色的哲学社会科学学术话语体系必须实现几个"转向":防止脱离马克思主义指导的所谓解放思想倾向,转向在牢牢坚持马克思主义的基础上解放思想;防止思想政治教育和理论宣传内容空洞,转向与人民群众的生产生活实践紧密结合;防止学术评判标准上的崇洋媚外倾向,转向建立具有中国特色、中国风格、中国气派的学术评判标准;防止用人导向上片面注重海外经历的倾向,转向引导理论工作者积极投身中国特色社会主义的伟大实践中,在深入实际、深入基层、深入一线、深入群众中结出理论研究的累累硕果。②

当代中华文明的自信,关键在于清醒的文明自我认同意识。近代以来,对于西方文明对中华文明的渗透侵蚀,许多国内有识之士为之扼腕叹息,寻求破解。林语堂

---

① 《李长春出席马克思主义理论研究建设工程工作会议》,中央政府门户网站,http://www.gov.cn/ldhd/2012 - 06/02/content_2151697.htm。
② 朱继东、李艳艳:《打造中国哲学社会科学学术话语体系必须防止的几种倾向》,《红旗文稿》2012年第21期。

在其《吾国与吾民》中试图对中华文明做出一个彻底剖析,也向外国人介绍一个真实的中国形象,破除西方人对中国的野蛮误读。但是,他始终未能摆脱西方的既定视野和语境,试图对中西两种价值观进行调和,这不仅影响了西方的中国观,也影响了中国的中国观。可见,破除西方的文明话语霸权,根本上是要建立自己的文明话语逻辑,这就是要确立马克思主义的文明观察分析视野,摒弃西方式普遍人性论、理性至上论的评价基点。

自觉运用马克思主义文明理论,有利于加深对于全球化时代美国文化输出的认识,增强中国的文明自我认同意识。调查表明,我国大多数中高级领导干部对美国的霸权主义本质有较深认识,但是对于美国的政治本质、对外政策的逻辑基础、对华政策的基本走势和策略伎俩,特别是对我进行隐性攻击的手段与威胁,在思想认识上还存在较大差距。许多人对美国的了解程度竟然与民间的一般性概念化认识相差无几,规模化、体系化、精细化的研究十分欠缺,个别人甚至大肆宣扬西方价值观,美化美国,使民众甚至领导干部产生对美国社会的向往。这些问题充分反映出,我们对于美国文化输出的认识存在着肤浅化、碎片化的倾向,出现这些问题的重要原因在于,我们自身文明理论出现空场,甚至存在"西化"倾向,这就亟待用马克思主义文明理论武装我们的头脑,帮助我们文明观察的中枢神经健康运行,增强对于西方文明东进战略的反应能力,这既有利于我们增强敌我意识,全面深入地了解战略对手,防止迷失对手;又有利于增强我们的自我认同意识,确立自身的文明参照物,防止迷失自我。

总的来说,文化输出正在成为西方国家推行新殖民主义扩张的新手段。美国等西方发达国家利用在其力推的文化全球化进程中的主导地位,对我国进行文化渗透,推行自己的价值观念、生活方式和经济模式,妄图颠覆我们的文化传统,斩断我们的文明根脉。美国中央情报局在对中国的《十条诫令》中更是毫不隐讳地提出:"一定要尽一切可能,做好传播工作,包括电影、书籍、电视、无线电波……和新式的宗教传播。只要他们向往我们的衣、食、住、行、娱乐和教育的方式,就是成功了一半。"①

对于西方文明东进战略,我们既要在战术上重视敌

---

① 李刚:《美国中情局对华的十条诫令》,《党政论坛》2001年第9期。

人,又要在战略上藐视敌人。毛泽东同志曾经有句名言,"帝国主义和一切反动派都是纸老虎"。这是因为,虽然看起来反动派的样子是可怕的,但是"从长远的观点看问题,真正强大的力量不是属于反动派,而是属于人民"[1],所以帝国主义实际上并没有什么了不起的力量。我们只要高度发挥中国人民的历史首创精神,批判地借鉴西方文明,对它进行消化吸收再创新,积极地化危为机,就能够应对西方文明东进战略带来的挑战。展望未来,具有民族特征、现代气息、世界气魄的中华文明复兴指日可待!

---

[1] 《毛泽东选集》第4卷,人民出版社,1991,第1195页。

居安思危·世界社会主义小丛书
（已出书目）

编号	作者	书名	审稿人
1	李慎明	忧患百姓忧患党——毛泽东关于党不变质思想探寻	侯惠勤
2	陈之骅	俄国十月社会主义革命	王正泉
3	毛相麟	古巴：本土的可行的社会主义	徐世澄
4	徐世澄	当代拉丁美洲的社会主义思潮与实践	毛相麟
5	姜　辉 于海青	西方世界中的社会主义思潮	徐崇温
6	何秉孟 李　千	新自由主义评析	王立强
7	周新城	民主社会主义评析	陈之骅
8	梁　柱	历史虚无主义评析	张树华
9	汪亭友	"普世价值"评析	周新城

编号	作者	书　名	审稿人
10	王正泉	戈尔巴乔夫与"人道的民主的社会主义"	陈之骅
11	王伟光	马克思主义与社会主义的历史命运	侯惠勤
12	李慎明	居安思危：苏共亡党的历史教训	课题组
13	李　捷	毛泽东对新中国的历史贡献	陈之骅
14	靳辉明 李瑞琴	《共产党宣言》与世界社会主义	陈之骅
15	李崇富	毛泽东与马克思主义中国化	樊建新
16	罗文东	中国特色社会主义理论与实践	姜　辉
17	吴恩远	苏联历史几个争论焦点真相	张树华
18	张树华 单　超	俄罗斯的私有化	周新城
19	谷源洋	越南社会主义定向革新	张加祥
20	朱继东	查韦斯的"21世纪社会主义"	徐世澄
21	卫建林	全球化与共产党	姜　辉
22	徐崇温	怎样认识民主社会主义	陈之骅

编号	作者	书名	审稿人
23	王伟光	谈谈民主、国家、阶级和专政	姜辉
24	刘国光	中国经济体制改革的方向问题	樊建新
25	有林 等	抽象的人性论剖析	李崇富
26	侯惠勤	中国道路和中国模式	李崇富
27	周新城	社会主义在探索中不断前进	陈之骅
28	顾玉兰	列宁帝国主义论及其当代价值	姜辉
29	刘淑春	俄罗斯联邦共产党二十年	陈之骅
30	柴尚金	老挝：在革新中腾飞	陈定辉
31	迟方旭	建国后毛泽东对中国法治建设的创造性贡献	樊建新
32	李艳艳	西方文明东进战略与中国应对	于沛

图书在版编目(CIP)数据

西方文明东进战略与中国应对/李艳艳著.—北京:社会科学文献出版社,2015.1

(居安思危·世界社会主义小丛书)

ISBN 978-7-5097-6520-3

Ⅰ.①西… Ⅱ.①李… Ⅲ.①西方文化-文化传播-研究-东方国家 ②文化发展战略学-研究-中国 Ⅳ.①G11 ②G12

中国版本图书馆CIP数据核字(2014)第216213号

居安思危·世界社会主义小丛书
西方文明东进战略与中国应对

著　　者 /	李艳艳
出 版 人 /	谢寿光
项目统筹 /	祝得彬
责任编辑 /	仇　扬
出　　版 /	社会科学文献出版社·马克思主义理论编辑部 (010) 59367004 地址:北京市北三环中路甲29号院华龙大厦　邮编:100029 网址:www.ssap.com.cn
发　　行 /	市场营销中心 (010) 59367081　59367090 读者服务中心 (010) 59367028
印　　装 /	北京季蜂印刷有限公司
规　　格 /	开　本: 787mm×1092mm　1/32 印　张: 4.375　字　数: 63千字
版　　次 /	2015年1月第1版　2015年1月第1次印刷
书　　号 /	ISBN 978-7-5097-6520-3
定　　价 /	10.00元

本书如有破损、缺页、装订错误,请与本社读者服务中心联系更换

▲ 版权所有 翻印必究